1 饶舜涵参加东南卫视《宝贝大赢家》节目录制
2 饶舜涵参加中央电视台综合频道《嗨!2014》节目录制
3 饶舜涵参加江苏卫视《最强大脑》节目录制,挑战"快速结账"项目

1 饶舜涵参加上海电视台新闻综合频道《少年爱迪生》节目录制
2 饶舜涵参加湖北卫视《我爱我的祖国》节目录制
3 饶舜涵参加湖南娱乐频道《2016，澳牧宝贝迎新春》节目录制
4 饶舜涵在长沙世界之窗"六一，天才驾到"活动现场
5 饶舜涵参加厦门卫视《鸡蛋碰石头》节目录制

1 饶舜涵参加优酷《最强小大脑》节目录制
2 饶舜涵在录制中央电视台体育频道《你达标了吗》节目时与王楠合影
3 饶舜涵在录制北京电视台文艺频道《我家有明星》节目时与王洁实合影
4 饶舜涵在录制中央电视台体育频道《你达标了吗》节目时与黄征合影
5 饶舜涵在录制优酷《最强小大脑》节目时与阿雅合影
6 饶舜涵在录制优酷《最强小大脑》节目时与张一山合影

1 饶舜涵在录制北京电视台文艺频道《我家有明星》节目时与包胡尔查合影
2 饶舜涵与他的老师们:"记忆三剑客"——刘苏(左)、袁文魁(中)、王峰(右)
3 饶舜涵在录制江苏卫视《最强大脑》节目时与李永波合影

2015年饶舜涵参加第二十四届世界脑力锦标赛武汉城市赛,取得5金2银1铜的成绩

最强大脑
饶舜涵成长记

遇见孩子
成就更好的自己

黄敬茹 著

北京大学出版社
PEKING UNIVERSITY PRESS

图书在版编目（CIP）数据

最强大脑饶舜涵成长记：遇见孩子，成就更好的自己 / 黄敬茹著．

—北京：北京大学出版社，2016.5

ISBN 978-7-301-26902-2

Ⅰ.①最… Ⅱ.①黄… Ⅲ.①家庭教育 Ⅳ.①G78

中国版本图书馆CIP数据核字(2016)第027826号

书　　　名	最强大脑饶舜涵成长记：遇见孩子，成就更好的自己 Zui Qiang Danao Rao Shunhan Chengzhang Ji
著作责任者	黄敬茹　著
责任编辑	刘　维　代　卉
标准书号	ISBN 978-7-301-26902-2
出版发行	北京大学出版社
地　　址	北京市海淀区成府路205号　100871
网　　址	http://www.pup.cn　新浪官方微博：@北京大学出版社
电子信箱	yangsxiu@163.com
电　　话	邮购部62752015　发行部62750672　编辑部62764976
印刷者	北京联兴盛业印刷股份有限公司
经销者	新华书店
	710毫米×1000毫米　16开本　13.5印张　4彩插　132千字 2016年5月第1版　2016年5月第1次印刷
定　　价	36.00元

未经许可，不得以任何方式复制或抄袭本书之部分或全部内容。
版权所有，侵权必究
举报电话：010-62752024　电子信箱：fd@pup.pku.edu.cn
图书如有印装质量问题，请与出版部联系，电话：010-62756370

目 录

推荐序　收获人生的精彩 // IV
自　序　每个人都需要一颗最强大脑 // VIII

Part 1
共同的人生命题：与孩子一起成长

跟孩子一起成长，就是立志要把最好的自己呈现给孩子　// 003
父母跟孩子其实处于同一起跑线　// 008
在未知的人生面前，大人也是孩子　// 017
一个故事改变了我对孩子的爱　// 023
为孩子提供一个安全成长的环境　// 030
父母的角色扮演应该正确适当　// 035

Part 2
兴趣与天赋：父母要成为孩子的伯乐

家庭教育比学校教育还重要　//045

天赋、兴趣和误区　//055

如何发现和引导孩子的兴趣　//060

培养孩子跟兴趣相匹配的品格　//065

我的挑战：我要跟孩子一起启航　//071

Part 3
全脑学习法：塑造孩子的完美素质

科学的方法很重要　//079

我是怎么做的　//085

专注力：掌控心灵的唯一门户　//092

观察力：有目的地去感知　//102

思维力：培养智力的核心　//109

想象力：锻造智力的引擎　//115

记忆力：巩固智力的根本　//121

Part 4
输入与输出：全脑学习法的根基和保障

语言输入必须读出声来 //129

为什么让孩子诵读经典 //136

亲子旅行：在行走中让孩子独立、自由、奔放 //145

自律和强大意志为各种输入提供精神护航 //153

打铁还要自身硬 //159

Part 5
跨越误区：天才是可以复制的

过度期许也许会毁掉孩子 //167

贬损是天底下最无能的策略 //174

比较是套在孩子身上的枷锁 //183

成为天才的父母 //188

附 录 让自己勇敢和自豪
——饶舜涵《你达标了吗》训练营点滴 //195

> 推荐序

收获人生的精彩

任何孩子都具有很强的可塑性。

塑造孩子的工程既繁复又讲求技巧,不但需要看孩子自身的秉性与素质,还需要家长和老师各方面的配合,借助一定的方式和方法,贯彻各种指导思想和方法论。尽管这条道路崎岖难行,但万千父母仍然前仆后继——为了孩子,他们真的牺牲了很多。

不过,一谈到效果,他们的脸上很难绽放笑容。或许他们好胜的心思受到了不同程度的打击,或许他们一度因为做了大量的无用功而绝望沮丧,或许他们最终放弃了在培养孩子的事上有所作为的雄心壮志……

或许,他们根本不了解孩子。

如果不能深刻地了解孩子,任何方法都是无效的。孔子在两千五百年前就主张针对不同的弟子开展不同的教育，当下的我们妄想有一种一刀切的模式与方法可以把自己的孩子送上卓越的前程，简直是痴人说梦。

任何教育的前提都是了解，培养一项技能的前提是找到孩子的兴趣点，并根据兴趣所在去付出努力和汗水，如此才可能成功。注意，才可能成功，可不一定成功。

灵性与努力的结合才能造就一个优秀的孩子。灵性滋生于孩子的天赋和兴趣，努力是保护灵性的唯一法门，除此无他。

而且，我们必须要明确，灵性是孩子自己的，努力却是多方的，孩子、老师、家长，包括社会，都要为保持孩子的灵性而付出相应的努力。

从饶舜涵的身上，我们见证了这种自我灵性和多方努力一起创造神奇的典范。

饶舜涵是个非常有灵性的小孩。2011年，当他的妈妈黄女士带着他来见我的时候，我就觉得心中一颤，他那灵性的目光一直围绕在我身边。虽然我以饶舜涵年龄偏小为由委婉奉劝黄女士不要让他过早开始记忆法的训练，但在我的内心，似乎有一种强烈的直觉——他很适合！

面对黄女士的坚持，我开始向我的直觉妥协——为什么不试一试呢？尝试的结果更加印证了我对饶舜涵的直觉是正确无误的。

我对他开展了一系列的测试，并伴随着一些很随意的谈话。饶舜涵表现得很有灵性，接受能力很强，大脑灵活，唯一的缺点就是因为年龄偏小，从而知识储备不足。好在这些缺憾都不是硬伤，可以在以后的学习中弥补和加强。

学习和训练的艰苦过程就这样开启了。2014年他在江苏卫视《最强大脑》节目上崭露头角，并成为全国闻名的小明星，人们往往只关注他在《最强大脑》节目里的光环，却忽视了光环背后的努力和汗水。

这里面无数的艰辛我是知道的，有些甚至是亲见和亲身经历过的。

饶舜涵的父母为了保护和发展他的灵性付出了常人难以理解的辛苦和努力。他们不惜放下自己的事业，跟饶舜涵一道学习记忆法，自己也获得了十分突出的成就，这是相当了不起的。

记忆大师王峰、连同我个人一点绵薄的努力也为饶舜涵的成就添砖加瓦。我们也珍惜人才，遇到具有相关天赋的孩子绝不会轻言放过。

关于教授饶舜涵记忆法的故事，或许可以推而广之，或可引起其他家长的思考和转变。

灵性的保持在于老师和家长的因材施教。饶舜涵对历史以及历史人物的兴趣引起我极大的注意。当他捧着一本溥仪的《我的前半生》专注地阅读时，我当时是很吃惊的——一个原本该胡闹疯玩的孩子能够沉下心去读这样大部头的历史著作，这是很不寻常的。

于是，在培训他记忆法的过程中，我就着意把历史的元素加进去。我会特意地跟他展开一些模拟历史人物的游戏。饶舜涵果然能在历史的氛围中，把记忆方法掌握得更加巩固和扎实。

坚持不懈的努力其实是一个很烦很累的过程，有时候难免让人打退堂鼓。越是在这个时候，孩子越是需要家长和老师的鼓励和激励。但鼓励的效果却取决于他是不是具有一定的情怀。如果没有浪漫、激情、达观的情怀，再丰厚的鼓励和激励措施也只能助长孩子的逆反情绪。

因此，灵性保持的同时，仍需要一种情怀和情商的锻造。参加完《最强大脑》节目后，我曾跟饶舜涵交流过一次，我觉得他可能在今后的人生中承受与其年龄不相称的压力。我告诉他，《最强大脑》代表不了什么，只是人生诸多体验中的一种，不要太在意，不要为此背负太多。

好在饶舜涵自有他转移压力的一套方法。当压力来临或过于强大的时候，他就会躲进历史和音乐的堡垒里自我调整。这种做法正是一种健康达观的情怀的体现。

灵性得到了保持，情怀受到了陶冶，加上各方的呵护和努力，我相信饶舜涵的人生一定会非常精彩。

如果你有孩子，再好不过了，就跟你的孩子一道，像饶舜涵一家人那样，一起成长，一起努力，一起收获人生的精彩！

自 序

每个人都需要一颗最强大脑

在人生这部跌宕起伏的电影里,总有那么一个特殊的时刻会定格为最为永恒的一帧。当饶舜涵站在江苏卫视《最强大脑》的舞台上,向现场观众和电视机前的亿万观众展现才华、问鼎高峰的时候,我和饶爸都收获了生命中堪称永恒的一刻。

参加《最强大脑》是一条不寻常的路。回头细想饶舜涵能与《最强大脑》结缘,也自有其不寻常之处。涵涵很小的时候就认识了"记忆三剑客"——王峰、刘苏、袁文魁,并拜他们为师。

涵涵从小就学习珠心算,受到老师的赏识,并且多次获过全国各种奖项。虽说算不上名声在外,但是在珠心算和记忆法这两个领域,他小小年纪却颇有知名度。《最强大脑》节目组在全国进行海选的时候,他的老师袁文魁便推荐了涵涵。

说来也巧,当时涵涵刚获得了湖北省第十六届珠心算比赛的第一名,而且是大比分领先第二名。一时之间,我家可谓双喜临门。

但是,在是否让涵涵参加《最强大脑》节目的问题上,我和饶爸很犹豫。因为涵涵当时年纪还小,看上去和其他小孩一样,普普通通,只是在珠心算方面表现出些许的天赋。他能在万众瞩目的电视舞台上顺利完成挑战吗?如果成功了,这会不会滋生他的骄傲情绪?如果失败了,对他今后的人生会不会有负面的影响?当着那么多现场和电视机前的观众,他幼小的心灵能否承受住如此巨大的压力?

总之,我们当时很纠结,内心波动很大。最后,我们觉得征求涵涵自己的意见是最重要的,毕竟是他去面对亿万观众,何况我们认为是困难或者是困惑的事情,在涵涵看来,兴许未必是。于是,我俩就把事情跟涵涵说了,让他自己拿主意。

没想到,涵涵倒是很轻松。他说:"我可以去试试啊,名次真的无所谓。"我们挺惊诧,也挺惭愧。有时候成年人容易过于紧张,碰到事情会看得很严重,左思右想,前怕狼,后怕虎。涵涵当时给我们上了非常重要的一课,那就是拥有一个轻松的心态太重要了,如果不能轻松上阵,纵使赢了,又有什么意义呢?

当我们把参赛这个事情跟涵涵谈了以后,我们就收获了跟涵涵一起成长的第一堂课，即要有一个轻松的心态。

涵涵还真能把这种轻松的心态贯彻到底。临近比赛的时候，我们还想嘱咐他几句，诸如不要紧张、放轻松、发挥你的优势等，可是我们一看涵涵的表现就知道，一切都是多余的，真正轻松的是他，我们做父母的嘴上说轻松，心里其实蛮紧张的，于是我们决定闭嘴。

用涵涵的话讲，不就是玩吗，有什么好紧张的？

可是，在录制现场还是出现了问题。

当天涵涵挑战的项目是"快速结账"，台上有100件玩具，每件玩具上都有对应的价签和条码，涵涵要在规定时间内记住100件玩具的价格，之后价签将被取掉。再由台下选出的5位观众随机挑选30件玩具，饶舜涵只看玩具，就报出价格，并快速算出玩具总价。与此同时，收银机进行扫码，计算总价验证。

不知道怎么回事，当时收银机坏了两次，节目不得不中断，工人上来维修，每次都耗费很长时间。虽然说设备出现故障在录制过程中也很常见，但这无疑给涵涵的记忆带来了额外的负担，因为每次他刚要进入记忆程序就会被打断，下一次还得重来，这是记忆过程中的大忌。

我们发现涵涵在台上表现得有些不淡定了，毕竟还是小孩子嘛。我们找了个机会去安慰他。他言语烦躁，倒不是因为怀疑自己的能力，而是对设备总出故障表示出严重的不满。后来，经过我们的劝导，涵涵渐渐平复了下来。

剩下的事情非常顺利——涵涵出色地展现了他的记忆力与心算能力，赢得了在场观众的掌声和评委的认可。

人生就像一场竞技，只有轻松上阵，才能赢到最后。但是一定要注意，太过轻松也是不行的，凡事都要拿捏得当。涵涵在北京电视台录制节目的例子，就实实在在地给他上了一课，也给了我们许多教训。涵涵在这次节目录制中表现不尽如人意，说起来都是太过轻松惹的祸。

参加完江苏卫视的《最强大脑》节目后，很多电视台邀请涵涵参加节目录制。充足的睡眠是保证记忆力的先决条件，我们一直非常注意以此保障涵涵记忆能力的发挥，可就是因为他在江苏卫视取得的成功，让我们放松了对他的督导，以至于涵涵无所顾忌，忘掉原则。

那天一大早7点钟，节目组就安排拍摄短片，中午还要候场等录制通知。候场的时候，我跟他说休息一下，他不听，跟其他小朋友疯玩。下午6点多还没轮到我们，我又告诉他要休息，他仍然不听。等到导演组通知我们录制的时候，已经是晚上的9点半了，走进录影棚他连续打了几个哈欠，我就知道情况不妙，果然在录制过程中他出了错。

下台后他神情沮丧，回到酒店哭着就睡着了。第二天一早，他告诉我，他没听父母的话好好休息，以后再也不会了。

这个事情的错误不能全归到涵涵头上。他忘乎所以自然是不对，我们也同样犯了被成功冲昏头脑而任其放任自流的错误。这件事情告诉我们，严厉的督导时刻都需要，即使是他取得了那么一点点的成绩。

当然，这件事对涵涵的警示作用尤为巨大，孩子自己经历、自己感悟得出的结论，比我们苦口婆心讲一百遍来得深刻。

放大到整个人生也是这样。人生是一段征程，我们会面临无数挑战，时时刻刻都要提防陷阱，稍不注意，就会前功尽弃。所以有人说，人生要如履薄冰、兢兢业业。可是，那样一来，人生就变得沉重而了然无味了。我们并不希望活得如此沉重乏味。

人生需要轻松，人生是一场轻松的竞技。还是那句话，只有轻装上阵才能赢。可是，轻松不是放任，轻松不是吊儿郎当，轻松不是想当然。轻松需要资本，需要能力，否则轻松只是无能或是愚蠢的变种。

总之，想要人生轻松，我们每个人都需要一颗最强大脑。在最强大脑的武装下，我们才真正拥有一颗强大的内心，才会冷静、坦然地迎接一切挑战。

那么，如何练就一颗最强的大脑呢？

首先，最强大脑不是天才的专属品。涵涵虽被大多数人称为"天才""神童"，但是在我们的眼中，他就是一个很普通的孩子。

为什么我们说饶舜涵不是天才呢？我们先来聊聊什么是"天才"！

从字面上理解，天才就是具有天赋的才能，是天造之才，或者说拥有天然的资质，是个出类拔萃的人。但是，现在来看，在严格意义上讲，"天才并非天生"的这一理念已经为大多数人所接受。从现代教育学理论来说，一个人的成功并不在于是否天生具有超乎寻常的智慧，而是在于后天对构成天才的能力进行合理的开发和培养。

以涵涵为例，我们只是在他小时候就发现了他的兴趣和天赋，然后找到了正确的方法对他进行多方面的引导和训练，同时辅以适度的营养膳食，这样他在记忆和计算方面才取得了比较突出的成绩。

所以，我们不仅要看到一个天才的成功，更应该看到这个天才的智慧、能力的培养过程。人的能力并不简单体现在计算和推理所表现出的智力之中，而是体现在各种综合素质当中，如专注力、观察力、思维力、想象力、记忆力等。

我相信大部分家长都希望的智力培养是综合、全面的能力培养，而不是培养出一个畸形发展的天才。

结合在培养涵涵的最强大脑方面的经验和教训，我们总结出一套全脑学习法，希望能给广大读者带来一点启发。

全脑学习法设计了大量有趣的练习，通过这些练习可以培养一个天才儿童成长所必需的各种素质。

一些培养与挖掘孩子兴趣的好方法、好习惯，一些造就孩子优良品行的好手段、好路径，一些在教育孩子过程中有益于规避各种误区的好理念、好观点，一些培养孩子专注力、观察力、思维力、想象力、记忆力的好点子、好窍门，一些在教育孩子的过程中总结出来的好经验、好教训，构成了这部本书的主要内容。

掌握了这些，你就会发现和培养一个"天才"，造就一个"最强大脑"，轻松地赢得人生的竞技，其实并不是一件很难的事情。

Part 1

共同的人生命题：与孩子一起成长

跟孩子一起成长，就是立志要把最好的自己呈现给孩子
父母跟孩子其实处于同一起跑线
在未知的人生面前，大人也是孩子
一个故事改变了我对孩子的爱
为孩子提供一个安全成长的环境
父母的角色扮演应该正确适当

跟孩子一起成长，就是立志要把最好的自己呈现给孩子

所有做父母的往往都有这样的观点：孩子是我们一生中最伟大的作品。

不错，从孩子呱呱坠地的那一刻起，我们就被赋予了父母的印记。看着眼前的宝贝，父母满腔热情和挚爱，看——这就是我们的孩子，这就是我们在这个世界上的杰作！

然而，我还是得及时地泼一瓢冷水——孩子是我们的杰作不假，但要清醒地知道，这部作品只是个粗胚，只是个没有加工过的原生态的作品；要想让这部作品光芒四射，要想让孩子能够有一个美好的未来，仅仅惊叹造化之美是万万不够的，需要父母去做的还有许多许多。

在涵涵出生的时候，我的喜悦之情溢于言表。哇！这就是我的儿

子，我身上掉下来的肉，我的心肝宝贝，我的伟大作品！但很快，这种无比欣喜、激动的心情就被随之而来的责任和压力所取代。

几个月的涵涵

我这样叮嘱自己：对父母来讲，孩子的诞生不是一个结束，而是一个开始，一个梦想的开始。在某种意义上说，这不仅是一个新生命的开始，也是为人父母者一个崭新的生命历程的开始——我们要跟孩子一起成长！

遇见孩子，成就更好的自己，也正是这个意义。

教育和培养孩子的过程，也是父母们自我发现、自我完善、自我改变、自我提升的过程。成就更好的自己，才能帮助孩子收获一个最美的未来。这是我跟饶爸在涵涵降生那一刻达成的共识。

我曾经听过这样一个故事:

英国有一个高贵的伯爵家族,因为大革命伯爵被送上了绞刑架,留下妻子和两个儿子。伯爵的遗孀不堪忍受家族的衰落和世态的炎凉,自杀而死。死之前,她分别把两个儿子送到自己的远房亲戚家,托付他们代为抚养。

大儿子被送到了约克郡的一个男爵家庭。男爵把这个孩子视为己出,让他跟自己亲生的子女一起读书学习。闲暇的时候,这个孩子还要学习剑道、马术。后来,他成功入读剑桥大学,攻读哲学,毕业后他成为一名皇室的顾问,并且成为欧洲哲学年会的领袖。更值得一提的是,伯爵家的长子由于长期受男爵慈悲勇敢的作风耳濡目染,也非常乐于助人。由于他积极参与慈善活动,受到了皇室的表彰,享誉四方。

小儿子被送到了利物浦的一个勋爵家里。这位勋爵靠爱尔兰的矿产起家,富可敌国,就连勋爵的头衔都是他用金钱换来的。伯爵的幼子来到这里,生活上无忧无虑,可是,家中整日门客盈门,谈的都是投机倒把、蝇营狗苟之事。门客中更有一撮势利小人,毫无节操和道义可言。在这样的环境下长大,伯爵幼子从小就处处盘算计较,长大后为了争夺勋爵的遗产,跟勋爵的子女明争暗抢,甚至派人去暗杀勋爵的长子以达到自己的目的。后来,此事被苏格兰当局查明,他锒铛入狱。

我想说的是,两个儿子、两种境遇,让人慨叹。亲生兄弟,就像同样的两粒种子，为什么会有不同的结果？正应了那句话：土质好，种子才棒！

与孩子一起成长，最重要的就是要拥有一块适合孩子成长的土壤，并让它变得质地优良。这块优质的土壤，不能依靠别人获得，只能由父母自己打造，当孩子生下来以后，与孩子一起维护、塑造和改变。

在孩子未生之时，我和饶爸就做好了准备，以便让我们的种子拥有一个良好的成长环境。在居住环境方面，我们重新布置了房间，布置了一个装满儿童绘本和育儿书籍的书橱，放置了一些可爱的布偶等玩具，一些带有潜在危险的物件被清理了，卧室因此显得明亮，并带着轻快愉悦的卡通格调。我们这么做，就是要让宝宝生下来就能感受到安全、舒适和温馨。

在精神方面，我们也做了充分的准备。我和饶爸共同学习了大量的育儿知识，了解了孩子出生前和出生后可能发生的种种状况以及解决之道，购买并熟悉了一些育儿器材，并关注了育儿心理学。我们还尽量说服宝宝的祖父母、外祖父母，让他们在未来一起共同成长的空间内，不要妨碍和破坏我们培养孩子的决心和努力。

涵涵的出生应该是很欢喜、很激动的事，可是我们却如临大敌，外人看来似乎有些矫情，因为在我们看来，把涵涵带到这个世界上并非尽了我们做父母的义务。相反，如果在今后的教育过程中我们没有能够尽力成为最好的父母,那么把他带到这个世界上,可能是我们最大的不负责任。

生他一回,养他一遭,我们就要把最好的自己呈献给我们的孩子。

父母跟孩子其实处于同一起跑线

涵涵刚出生的时候,身体是赤色的,难怪古人都把婴儿叫赤子,真的是赤红赤红的。后来,随着他慢慢长大,这个可人的赤子开始发生变化,身体由赤色渐渐向白色转变,赤红,浅红,粉红,红里透白,浅白,白……等过了满月,一个白白胖胖、活泼可爱的婴儿就呈现在我们眼前了,做父母的心里别提多美了。

我们由衷地感叹,涵涵真是上天赐予我们的最美礼物!

Part | 共同的人生命题：与孩子一起成长

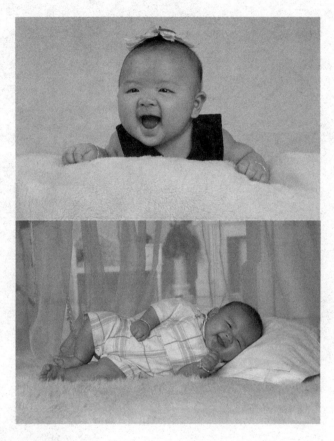

涵涵百日照

第一张全家福

接下来的日子，我跟饶爸一直沉浸在一种交织着成就感和自豪感的喜悦心情之中。家中老人看见我们这般高兴，都说我们是新鲜的——因为从没养过孩子，现在有了自己的儿子，肯定会新鲜一阵子，等再过段时间，屎尿一起上，晚上再睡不好觉，就烦了。

对此，我有话要说。

首先，我要感谢我的父母以及饶爸的父母，不养儿不知父母恩，自从有了涵涵，我们才真切地体会到做父母的不易，今后的岁月里，我们一定会尽我们最大的努力让两对老人拥有一个幸福的晚年。

其次，我觉得我们并不是图一时新鲜，我跟饶爸不止一次当着这个懵懂的婴孩的面达成一致：我们一定会对这个上天赐予的礼物抱以最持久的耐心和跟他一起成长的恒心。

孩子不是宠物，不是欢喜的时候就喜爱得不得了，不欢喜的时候就举手就打、张嘴就骂。在成长这个人生议题上，我们其实跟涵涵处于同一起跑线上。

对，同一起跑线！这是我跟饶爸达成的最大共识。

这种观点的道理其实很简单。孩子新生，一切都是零基础，我们做父母的虽然活了二三十年了，可是在抚养孩子和教育孩子方面同样是零基础。从这个意义上讲，父母跟孩子就是处于同一起跑线。

既然父母跟孩子是一起开始、一同成长的，那么就没有所谓的长幼的区别了。父母在教育孩子方面，同样是一张白纸，虽说预习了相关的知识，但一切都有待于检验。况且每个孩子都是不一样的，书本上的知识和经验或许根本不起作用。

既然父母跟孩子处于同一起跑线，那就意味着父母需要跟孩子一样接受命运的考验。

很多父母，一味地认为孩子降临是老天的馈赠，有的还要感谢祖先的荫德。其实，礼物只是孩子的一面，上天在赐予你一个礼物的同时，也会给你一个考验，礼物有多宝贵，考验就有多严峻，所以，不能光顾着高兴，还得做好准备，接受考验。

在这场考验中，父母应当充当什么角色呢？

在与孩子一起成长的过程中，父母其实担当了四种角色——同行者、陪伴者、激励者、见证者。

同行者，是说我们要跟孩子一同起跑。在这个行程中，没有长幼之序，没有高下尊卑，只有努力和尽心。

父母还应该是陪伴者，不光是在生活中陪伴，在学习和教育中也应该陪伴。

涵涵学习珠心算的时候，为了能够让他保持兴趣，坚持学习下去，我也参加了珠心算的学习。还好我之前有点基础，刚开始学的时候，除了正常学习之外，我还能给涵涵一点指导。后来涵涵进步很大，我就有点跟不上了。不过,我这陪"太子"读书的人,也不甘人后,回家后我就抓紧一切时间学习,后来又慢慢跟上了。

我说这些不是想说我有多聪明,我想说的是,孩子看到你付出和努力了,他也会跟着你一起努力。

现在很多家长给孩子报兴趣班,也是起早贪黑的,接送都准时准点,丝毫不敢怠慢。可是,这不是陪伴。这充其量算是陪护。

真正的陪伴得是你真心地投入进去,跟孩子一起参与,一起学习,一起收获。后来涵涵学习记忆法的时候,饶爸也是跟我一样,放下手头很多重要的工作跟他一起学习。有些人觉得不可思议,说至于吗,不就是教育个孩子吗,用得着那么认真吗?

天下无难事,只怕有心人。饶爸工作很忙,每天都被冗杂的事务缠身,仍拿出很多的时间跟涵涵一起学习,自己也获得了令人叹服的成绩。

也正是涵涵看到了我跟饶爸真的是跟他在一起努力,一起进步,他才会踏实下来,一点一点地进步,最终取得了优异的成绩。

父母是孩子的激励者。

孩子都没有长性,心智也不是很成熟,遇到一点挫折就可能轻易放弃。一旦放弃,之前所有的努力都要付诸东流。面对这种情况,任何父母都会叹气惋惜。

更有甚者，父母首先自暴自弃，这更是给孩子带来了不可估量的影响。有的父母觉得自家孩子没别人家的优秀，就让孩子选择放弃，或者看到孩子松懈了、不努力了，就认为孩子没有志向，最后也选择放弃；还有的父母看到自己的孩子刚开始时很喜欢一个领域，后面因为各种原因不喜欢了，他们也听之任之，无所作为，任凭孩子轻易放弃好不容易积累起来的优势。

这些都不可取。在孩子成长和教育的过程中，父母不能只是接送，做后勤部长。就像打仗一样，父母应该成为孩子的战友和指导员。想想啊，在战争前面，如果士兵士气不振，指导员是应该选择放弃呢，还是选择鼓舞士气呢？

一定是鼓舞士气。

在参加武汉市举办的一次记忆锦标赛时，涵涵出现了畏难情绪，一是因为参赛选手都比他大，而且更有经验，二是这次比赛他准备得很仓促。

涵涵想弃赛。饶爸做了很多动员工作都不见效，眼见着他就要打退堂鼓了，我觉得弃赛实在可惜，毕竟这是一次绝好的练习和参与的机会。

我就跟他说："涵涵，其实你把这事想复杂了，不就是一场比赛吗？妈妈告诉你，对于比赛，你认为难的，别人也不会觉得简单，你跟其他人之间的差距并不是很大,只不过年龄上你略显得小了点。还有,万一你成功了呢?你一定会觉得:这么难都成功了,我还怕什么?到时候一切都不成问题了。说到底,只要你参加了,一切都不是问题了。爸爸妈妈都在陪着你!"

经过一番开导和心理暗示,最终涵涵还是参加了比赛,而且还取得了非常好的成绩。此后,他更加热爱记忆法了。

最后,父母还应成为孩子成长的见证者。我们要见证孩子的点点滴滴,见证他们的喜怒哀乐,见证他们的长大和成熟。

同行者是没有高低尊卑之分的,没有父母的威权,有的只是自由民主,凡事商量,凡事尊重。

陪伴者是同行者基础之上更加亲密的关系,陪着孩子一起长大,陪着孩子一起玩耍,在孩子成长的同时,父母也一起成长。

激励者有精神导师的意思。父母要成为孩子的精神伴侣和精神导师,当孩子遭遇挫折和困境的时候,我们要为他提供指导和建议,而不是武断地干涉孩子的思想。

见证者是父母要做孩子的记录者和见证人。孩子的成长是有节点的,所有节点连接起来就是一个丰富的人生,孩子的每个节点都不能少了父母的见证。

从这些意义上讲,父母虽然跟孩子处于同一起跑线上,可意义毕竟还是有所不同。父母被赋予了更多的意义，肩负着更多的责任。

可是，现实中，有的父母高高在上，摆出一副家长的面孔，处处以势凌人，毫不顾忌孩子的感受，不管有理没理都不许孩子申辩，说服不了孩子就拿父母的身份或坚硬的棍棒说话，自己整天忙于世俗经济，却反过来要求孩子一心向学、保持纯真，要不就是自身蝇营狗苟，对孩子不管不顾，等孩子出了问题，又哭天抹泪，说在外奔波不容易……七八年很快过去了，生生把一个充满潜能的孩子给耽误了。

在未知的人生面前，大人也是孩子

涵涵半岁大的时候，我真正感受到了养育孩子的不易。

刚开始的时候，我也觉得没什么，可后来就发现，养育孩子竟然成了这个家庭里最大的一件事——无论是见过阵势的隔一辈的祖父母和外祖父母，还是我们这些初为人父人母的年轻后生，整个家庭的成员都要围着孩子转，而且还生怕出现什么问题。养儿的过程有苦有甜，有酸有辣，有很多烦恼和困惑，绝对是一个高难度的技术活儿。

其中我体会最深的就是，每个孩子都有自己的秉性，不管是天生的还是后天的，他都有自己的性格。

于是，在一片忙乱和无措之中，我突然发现，之前为了教育涵涵而学习的那些所谓的高妙的教育方法全都不灵了——在怀涵涵的时候，我跟饶爸就看了许多关于教养孩子的书籍，为的是将来涵涵出生后，能够运用其中一二，帮助我们解除教育过程中的困惑——纵然是我跟饶爸八仙过海、各显神通，但结果还是难如人意。

于是，我们常常自问：到底我们应该怎样教育孩子才是正确的呢？

其实，没有放之四海而皆准的方法，世界上没有两片相同的叶子，怎么可能有相同的孩子呢？又怎么可能有一种教育方法严丝合缝地适合于不同秉性的孩子呢？

每个孩子都有不同的个性，这决定了每个孩子的教育方法都是独特的，不可能一概而论。市面上有许多书籍讲父母如何教育孩子，但从中绝对找不到我们所需要的万应灵丹。

虽说没有统一的教育方法，却存在一个超越方法的灵性原则——因孩施教。针对自己孩子的志趣、能力等具体情况进行不同的教育。

在因孩施教之前，我们需要明白以下几个问题。

首先是关于爱，尽管爱是孩子成长中必需的养分，但我们要掌握一个度。

少了不行——生活中会有许多理由让父母的爱离开孩子，比如说加班忙、开会多、社交活动频繁，还有父母因为挣钱而疏远孩子，理由看似冠冕堂皇，说需要挣足够的钱才能给孩子创造一个好的环境，所以只能牺牲陪孩子的时间了……爱就这样跟孩子渐行渐远。

多了也不行——凡事多了就成了负担,会让孩子窒息。家长更不可以爱的名义禁锢和束缚孩子的自由和个性,挤压他的灵性空间。

父母给孩子的爱应该是智慧的、灵性的,不多不少,不增不减。

其次是关于教育,教育永远都是言传身教,而不是严加管教。

管教必不可少,但这绝不是教育孩子的真实意义所在,充其量只是一种辅助手段。因此,正人先正己,教育孩子一定要身正为范,身教而非言教。

父母影响孩子的地方很多,比如说日常生活中的诚实可信,夫妻之间的和睦相爱,都能对孩子形成耳濡目染的影响。

我跟饶爸达成共识,在家里注意语言措辞,不能把社会上的那一套带到家里来;我们之间尽量不要吵架,实在要吵架的话尽量避开孩子,争取为孩子营造一个温馨、民主、活泼的家庭氛围,以免戕害孩子的灵性。

再次是关于心态,怨天尤人没有用,每个孩子都有自己的特点,不要苛责,要平和地看待孩子的成长。

我们小区有一对母子,孩子比涵涵大几岁。他妈妈是个要强的人,动不动就拿自己的孩子跟别人家的去比,如果比不过,对孩子非打即骂,结果导致孩子十分内向、不自信,见了人嗫嗫嚅嚅,不敢说话。这要是将来到了社会上,怎么跟人交流?

我吸取这样的教训，决心绝不对涵涵求全责备，更不会苛责。我要看着他慢慢地成长。就像农民种地一样，呵护苗儿，仅仅只是不让苗儿长歪了，其余的事情老天会帮你完成。

我们需要做的是——注视，陪伴，一同成长。

世界上的每个人都是独一无二的，发现"我是谁"比"成为谁"更重要，父母尽己所能支持和鼓励孩子成为最好的自己，也以身作则影响孩子成为真正的自己。

涵涵1岁时的全家福

现实中，并不存在完美的父母，当然也不存在一个所谓的最高境界。最高境界就意味着理想化，而理想化的东西通常是不靠谱的。而我们还要在人间烟火里打拼过活，所以不要纠缠于你的境界归属，只要把自己做好就行。

我从不认为，每一个妈妈只有成为完美妈妈，才能对得起孩子，我觉得只要尽力做好，就已经是好妈妈了。

在涵涵成长的过程中，我也会控制不住愤怒的情绪，会发脾气，我知道不能打孩子，但是，有时候仍然会痛下棍棒。

打完之后，我又常常后悔，我经常问自己——你真的会做父母吗？你是不是常常在孩子面前自以为阅历丰富无所不知？你是不是以为你吃的盐比孩子吃的米都多，就永远比孩子正确？你是不是觉得你读过几本破书，就能够当他的导师，对他的人生指东道西？

将这些统统放下，放下学识、阅历、经验等所谓优势，才能真正地跟孩子一起成长，才能实现自我的蜕变与升华。否则，不但牺牲了孩子的灵性，我们自身也注定在教育孩子方面成为失败者。

有了这番反省，此后在教育涵涵方面，我就轻装上阵了。

我也参与了记忆法的学习，目的很简单，就是为了跟涵涵一起学，陪伴他学，并没想着要取得什么样的成绩。

一开始我靠之前的积累，还可以给涵涵一些指导，后来就不行了，我这脑瓜不灵光，涵涵在课余向我讨教的时候，许多次我都答不上来。

这要是在以往，我这当妈妈的脸上就会挂不住——哎呀，儿子这么大点都把我难住了，以后我可怎么办啊？这种纠结会在我心里翻腾好一阵子，觉得自己的面子和作为母亲的权威都被无情地抹杀了。

但是我现在不会这么想。真的不会，我会想或许我真的不如儿子，我会坦然地接受这一切，并且反过来向涵涵讨教，让他教我。

涵涵教我的时候特别认真。那个时候我就会想，我之前真的想多了。儿子有板有眼地教我学习，这种场景不是很温馨吗？

做好自己就好了，在未知的人生课题面前，我们大人不也是孩子吗？

一个故事改变了我对孩子的爱

涵涵一天天长大，虽然还不会说话，但一双明亮的眼睛眨呀眨，仿佛能明白父母的良苦用心。他不爱哭，吃饱了就自己玩耍。有时候大人抱他，他舞动着四肢，脸上露着喜悦与兴奋。

不得不承认，我越来越爱他了。涵涵刚出生的时候，可能出于妈妈爱孩子的天性，看着自己身上掉下来的肉，怎么亲都不够；过了几个月，在天赋母爱的前提上，又从内心生出了对眼前这个活泼可爱的鲜活生命的真挚的爱，这种爱不是自发的，而是在日常的呵护过程中产生的。

刚开始的时候，我只是觉得，既然把他生下来，就要为这个孩子负责。后来朝夕相处，他渐渐成为我生命中的一部分——最重要的一部分，必要的时候甚至是全部。

我觉得我什么都可以给他，甚至是自己的生命。可是，当我看到一个故事后，我觉得我进入了一个严重的误区。

下面，我跟大家分享这个故事：

有一天，亿万富豪丹尼尔在散步时，发现一个小男孩蹲在路边，手里拿着一根草茎在地上摆动着。丹尼尔好奇地俯下身子，抚摸着小男孩的头，问道："小朋友，你在干什么呢？"

小男孩头也不抬地回答道："我在为一只蚂蚁引路。"

丹尼尔听了，忍俊不禁："一只蚂蚁需要你引什么路？"

小男孩认真地回答道："这只蚂蚁和同伴走散了，正惊慌失措地四处寻找它的同伴，我要把它引到它们的队伍中去，这样它才有生存下去的机会。"

丹尼尔仔细去看，才发现小男孩在用草茎将一只走散的蚂蚁慢慢地引到蚁群中去。在小男孩的努力下，那只走散了的蚂蚁终于爬到了蚂蚁群中。见到了同伴，那只走散了的蚂蚁立刻和大家碰着触角，显得十分兴奋。

丹尼尔不禁被小男孩的心地善良所感染。他说道："谢谢你，为那只走散了的蚂蚁找到了同伴，让它找到了生存下去的机会。"

离开小男孩，丹尼尔一路上不住地自言自语："为一只蚂蚁引路，真的很有趣、很有创意。"

丹尼尔是美国得克萨斯州一家大型连锁超市的大老板。他乐善好施，常常慷慨解囊，扶危济困，被称为"大善人"。这个小男孩的行为给他的心灵带来很大的震动。他想，将那些迷失方向的蚂蚁引上一条路，使那些走失的蚂蚁不再迷惘、惊慌，真的是一种聪明的做法。行善，从某种意义上讲，也是这个道理。

一天，丹尼尔刚走到公司门口，就被一个中年妇女挡住了去路。中年妇女带着一个七八岁的小女孩，一把鼻涕一把眼泪地向丹尼尔泣诉道："丹尼尔先生，您可怜可怜我们母女吧。我男人得了重病去世了，我也失业了，我们母女俩的生活陷入了困境。"说罢，女人从包里拿出相关证明，央求丹尼尔能救济下她们母女。

如果这事发生在从前，他会马上掏钱或叫财务部门拿出一些钱给这对母女救急。但今天他没有这样做，而是亲切地询问那位女人以前是做什么工作的。

女人泪流满面地回答道："我以前是做财务工作的。"

丹尼尔听了，眼睛一亮，他对女人说道："我马上安排人事部门对你进行考核，如果你符合我们的要求，我就聘请你在超市的财务部门工作，我可以预支你3个月的工资。"女人听了，脸上露出欣喜，对丹尼尔连连称谢。

一年后，在这家超市担任财务主管的苏姗女士，因为出色的业务能力和创新意识，受到老板丹尼尔的赏识和器重。在超市举办的圣诞节晚会上，苏姗女士对丹尼尔说道："谢谢您，丹尼尔先生，是您将我引上了一条自食其力的路，同时，也给了我尊严。"

丹尼尔笑道："尊敬的苏姗女士，不用谢我，是您的才华和努力，在生活中得到了回报。"苏姗女士羞涩地笑了，笑得很甜、很明媚。

一天，丹尼尔收到一封名叫雅各布的青年给他写的信。信中说，他今年刚考入麻省理工学院，由于父母早逝，生活十分困难，上大学的费用到现在还没有着落，希望丹尼尔先生能资助他一下。

丹尼尔看了这封信，便给青年回了一封信。信中说道："你进入大学后，可以到我公司开在麻省理工学院校外的那家连锁超市分店打工，我将提前预支你一年的工钱。我会把你的相关情况向那家超市说明的，届时你去办理相关手续就行了。"

几年后，已是一家软件开发公司老板的雅各布在公司成立仪式上说道："当初，我是一个穷困潦倒的学生，我向丹尼尔先生求助，丹尼尔先生独辟蹊径，将我引上一条自食其力的路。如果当初他只给我一些钱，只能解决我的一时之急，甚至会让我因此养成懒惰、不劳而获的恶习。可以说，如果当初没有丹尼尔的高瞻远瞩，也就没有我今天创业的成功。他的行善，充满着一种智慧，使被救助的人，得到了一种人格上的尊严和力量。"

在出席得克萨斯州举办的大型慈善活动时，丹尼尔对来宾们说了这么一句话。他说："爱的根本宗旨，是要给被爱的人，找到一条光明、灿烂的路，还要给人以尊严。这是一种道德底线，更是一种人格力量的升华。"

得克萨斯州发行量最大的报纸《休斯敦纪事报》在评论中指出：为一只蚂蚁引路，是爱的一种最高境界。

故事虽长，但意义深刻。可能所有的妈妈都一样，无论看到什么故事，都能联想到自己的孩子。看完丹尼尔的故事，我立刻想到了我跟饶爸对涵涵的教育。

确实，我们什么都愿意为他付出，甚至是我们的生命。可是，现在我知道，那是错的——伟大的爱不在于给予，而在于引导。爱的出发点在于引路。引路，是一种智慧，更是一种心地坦荡的大爱。

这不单单体现在感情和日常的生活中，在教育孩子的方式和方法上，亦是异曲同工——引导孩子找到自己的兴趣，而非简单地填充（给予）他，即授之以鱼，不如授之以渔。

当我们发现涵涵对数字特别敏感的时候，就觉得找到了授之以渔的途径了，于是我们引导着他接触珠心算和记忆法。涵涵也对珠心算表现出了浓厚的兴趣。

在我们和涵涵的努力之下,收到了喜人的回报——涵涵获得了老师的认可,并参加了各种级别的比赛,多次获奖。

2012年浙江省诸暨市第二届儿童珠心算全国邀请赛获得特级组特等奖第一名

共同的人生命题：
与孩子一起成长

2013年湖北省第十五届珠心算比赛获幼儿全能一等奖

给予是爱不假，但不是平等的爱，不是跟孩子一起成长的题中之义，仍是以父母高高在上的身份去俯视孩子，是：你不行，我给你；你没有，我给你。

引导则是一种平等的爱、同行的爱、陪伴的爱、激励的爱，是：孩子，有没有、行不行并不重要，我们陪着你一起寻找，我们有你没有的经验和阅历，可以帮助你、引导你。

为孩子提供一个安全成长的环境

前面讲的是我在陪涵涵一起成长的过程中总结出的几种理念。除了这几种理念，还需要有保证这几种理念能够顺利执行的关键条件。

作为家长，需要给孩子提供一个安全成长的环境。这里的安全既是物质上的，也是精神上的，当然更重要的是精神上的。

物质上的大家都懂。精神上的叫作安全感。家长往往重视给予孩子有形的物质，无形的精神上的安全感就容易被忽视了。

小孩子都喜欢吃手，涵涵小时候也不例外，而且比别的孩子吃得都厉害，每时每刻都想把手往嘴里搁，口水一大堆，我给他围的围嘴很快就得换。

刚开始的时候，我也觉得小孩子吃手很正常，没怎么在意，可后来我发现快两岁的他愈演愈烈，大有一发不可收拾之势。

我生气了，非常严厉地批评他，可我声音一高，他就哭个不停。后来我失去了耐性，甚至动手打了他，可是依然不见效果。这小家伙该吃还是吃，一边吃还一边眼泪哗哗的，怪可怜的。

没办法，我只能求助于专家。小区附近有个幼儿园，听朋友说，里面的张老师育儿有一套，我就去找她。

结果，张老师的一席话让我大感惊诧。她说，那是孩子缺乏安全感的一种表现，应该予以理解并帮助孩子渡过难关。

我告诉她，我软硬兼施，丝毫没有效果。她说，凡事不可一蹴而就，要慢慢来。于是，她给我制订了一个方案，叫转移法。

张老师让我在此后的一段时期内，对涵涵吃手这一行为要做到熟视无睹。他吃他的，我装作看不见。过了十几天，张老师让我试着转移一下孩子的注意力。

我按照张老师的说法，跟涵涵玩起了转移大法。开始交谈的时候，我也把手往嘴里塞。涵涵盯着我，愣愣的。后来我就问他："妈妈喜欢吃什么？"

涵涵说："鱼。"我问："爸爸呢？"涵涵说："鸡腿。"我就跟他说："对啊，妈妈爱吃鱼，爸爸爱吃鸡腿，涵涵爱吃手，每个人都有自己喜欢吃的东西，是吧，无论吃什么，都是个人的喜好，没有什么特殊的。"

涵涵似懂非懂地点点头。

效果真的很神奇。过了几天，涵涵慢慢就不把手往嘴里放了。

后来，我才渐渐懂得，孩子吃手的真相，或事情背后的合理性，是不会因我们是否知道缘由，是否喜欢它的存在方式，是否以外力横加干涉而改变的。

因此，凡是出现在生命里称其必然的东西，我们都要充满尊重和敬畏。况且，生命必然的天性，都是有其积极的价值和意义的，应该以最好的方式去尊重它、理解它、信任它、接纳它。尊重了，理解了，信任了，接纳了，人生高度的安全感就建立起来了。

安全感是否在童年被满足将决定孩子一生关于幸福的潜意识趋向，对他今后人格的形成有着不可磨灭的影响。

为了给涵涵一个充满安全感的童年，我跟饶爸约法三章。

一，不当着涵涵的面吵架，更不允许大打出手（两口子吵架拌嘴也很正常）。总之，当着孩子的面，一切不和谐的音符都要及时制止。

我记得有一次，我跟饶爸因为亲戚之间的一些事吵架，闹得不可开交，当时双方都控制不住怒火，恶语相向，差一点打起来。

后来，一个教书的朋友劝我们，他说："你们这样做，小孩子怎么受得了？你以为你们把不满和怒气发泄出去了，可孩子幼小的心灵怎么能够承受这些负面的东西？小孩子纯洁得如一张白纸，你们在上面画什么，就会得到什么，他还没有分辨和消化的能力。你们呀，也太不顾及孩子的感受了。"

听完这话，我俩当时就懵了，没想到我们的吵架对孩子的影响会这么大，心中不住地懊悔。

从那以后，我们俩纵然有天大的矛盾，也不会当着涵涵的面争吵，一般都是把对方请进卧室，关上房门，解决好了再出来面对孩子。

当然，有了孩子后，尽量还是不要吵。家庭中和谐、温馨的氛围，才是孩子阳光品质形成的保障。

二，孩子毕竟是孩子，不要把工作中的负面情绪带回家中。

有一次，饶爸在外面谈生意，可能有点不顺，回来就拉着脸，不说话，脸上的表情冷冰冰的，涵涵跟他说话，他也爱理不理的，涵涵很不理解。涵涵小，爸爸不理他当然要吵要闹，结果饶爸就吼他，搞得小家伙一脸的无辜和委屈。

有本讲夫妻关系的书里说，在外面受了委屈的丈夫回到家里，不应该把这种对社会的无力感和愤怒传递给妻子，破坏家庭和谐的氛围和夫妻之间恩爱的感情。这一点对育儿来讲也很重要。

孩子的心灵纯真而脆弱，最好不要把成人所遭受的辛酸和委屈传递给他们，更不能用暴力对待孩子。很多家长，在外面受了委屈，回家吼老婆、打孩子,这恰恰是无能和懦弱的表现。

作为家长,正确的做法是,无论在社会上遭遇什么,到家里都应该给孩子一个笑脸,营造一个轻松温馨的环境,让孩子安全快乐地长大。

三,绝不能取笑孩子的缺点和毛病。

谁在成长的过程中能一直不犯错误?要允许孩子犯错,让孩子有犯错的机会。犯了错不可怕,家长帮孩子改正错误,纠正偏失,能让孩子更好地成长。

孩子有缺点,有毛病,或者犯了错,大人就挖苦和讽刺,不但起不到匡正的作用,反而让孩子幼小的心灵背负太多的负担,让孩子远离宽恕和尊重,久之必然会走上叛逆的道路。

父母的角色扮演应该正确适当

在跟孩子一起成长的过程中,夫妻之间仅仅约法三章是不够的,那只是好土壤的初级保障,除此以外,还要把自己的位置摆正——父母的角色扮演要正确适当,要做到位,这才是好土壤的高级保障。

角色扮演是游戏中的一种说法,在现实中同样适用。父母身份是天赋的,孩子的人生观、价值观和世界观的养成,精神意志的锻炼,都需要你把父母的角色扮演好、做到位。

父母做到位,意味着为人父母者要摆脱那个天赋的身份,要卸掉传统上固有的生你养你便要控制你的偏见,真的去做孩子的同行者、陪伴者、激励者、见证者,构建一种真正和谐信任的关系,这样才是真的做到位了。

有的父母很天真地以为，我们有钱，给孩子买好吃的，买好穿的，将来供他读最好的大学，买大房子，买好车，让他衣食无忧，这样的父母哪里去找？其实，这样的父母在育儿上往往容易失败。除了钱和物质，孩子还能记住他们什么呢？

先来说说父亲的到位。

著名的心理学家格尔迪说："父亲是一种独特的存在，对培养孩子有一种特别的力量。"英国著名文学家哈伯特也说过："一个父亲胜过100个校长。"

我相信，在大多数家庭里，由于传统家庭分工的影响——爸爸主外、妈妈主内，很多爸爸不知道怎么育儿，甚至还没有准备好做一个合格的父亲。

刚开始的时候，饶爸也是这样。

我们俩进行了一次头脑风暴，经过长达一天的激烈讨论和争吵，最后达成一致：在教育涵涵的过程中，饶爸要肩负起责任，起主导作用。但饶爸提出了一个附加条件（我当时想，让他教育他的儿子还要讲什么附加条件，真是太过分了），即在他教育涵涵的过程中，不容许别人插手，尤其是涵涵的奶奶、爷爷、姥姥、姥爷这些老人家。如果做不到这一点，他就无法在涵涵教育问题上起主导作用。

饶爸说："我教育孩子的时候，你们不许插手。他做错事了，我批评他、惩罚他，你们不许去哄他、袒护他，更不许心疼他，得让他知道错了。"

说实话，当时我有点不乐意，因为孩子小小年纪，总会有调皮捣蛋的时候。以往涵涵做错了事情，被爸爸批评一顿以后，我就会偷偷地去哄哄他。我觉得父母在教育孩子的过程中，总要有一个唱红脸，一个唱白脸，那样孩子就不会因为得到宠爱而得意忘形，也不会因为被批评而感到失落。

但是，想到这样可以树立饶爸在涵涵心中的权威，我决定跟饶爸达成协议。

其实，由饶爸主导涵涵的教育大有好处（我可不是躲清闲哟），这样可以从小培养涵涵的男子汉气概。涵涵从幼儿阶段，就开始模仿饶爸的一言一行，饶爸的一举一动都对涵涵起着潜移默化的影响。

正是存在着这样的微妙关系，我觉得由饶爸起主导作用，培养涵涵一些好的品质和性格是正确的选择。

五一小长假,和5位同学的家人相约自驾游,爸爸们与孩子们对战CS

周末农家乐,涵涵与涵爸自行车环湖游

羊楼洞古镇,涵涵与涵爸自制竹酒杯,品观音泉水

涵涵上小学后，饶爸每天都坚持6点半起床，让涵涵也准时起来，洗漱完毕吃过早点后，便早早送他上学，常年如一日。涵涵由此养成了早起的习惯，从不睡懒觉，哪怕是冬天。武汉的冬天湿冷湿冷的，大人起床都费劲，何况是个孩子？可是，涵涵在饶爸的影响下，上学从未让人叫过。时间一到，他便一跃而起，小小的人儿精神焕发。

在心态的历练上，饶爸也起着关键作用。

成才首先是成人，成人首先是有个好的心态。没有一个好心态，什么事都做不好，人生也会是一团糟。好的心态怎么培养呢？饶爸是通过跟涵涵一起玩游戏来历练涵涵的心态的。

我跟饶爸向来不主张让孩子跟网络隔绝，认为只要掌握好度，网络对孩子很有用处，饶爸每天都抽出一定时间来跟涵涵玩一些网络游戏，当然都是益智性的游戏。饶爸跟涵涵一起玩游戏，一起扮演角色，互相交流。玩那种攻城略地游戏的时候，还要一起商议计策，两个人嘴里不时冒出《孙子兵法》《三国演义》什么的。通过这样的交流和沟通，涵涵悟出了好多道理。

饶爸还带涵涵走出家庭，到外边去，给他创造很多锻炼的机会。比如我们去餐馆吃饭的时候，饶爸会让涵涵去点餐、结账；去游乐场玩的时候，让他自己买票；给他一定数额的钱让他去超市购物等。刚开始涵涵也会怯场，后来经过饶爸的一番鼓励，涵涵的胆子就大了，沟通能力得到了极大的提高，自信心也越来越强。

在学习上，为了提高涵涵的学习兴趣，饶爸每天都会跟涵涵一起练习珠心算和记忆法，有时候父子俩还要比试一番。当涵涵做得比饶爸还要好时，饶爸就会发自肺腑地表扬一番，涵涵雀跃不已，兴趣日益浓厚，计算速度和准确率有很大的提高。

接下来，我们再来来谈谈母亲的到位。

有的妈妈认为，妈妈给予孩子乳汁，一把屎一把尿地把孩子拉扯大，照顾孩子吃，照顾孩子穿，真的很辛苦。可是，千万不要以为这样做就是一个合格的母亲。其实还差得远呢！

一个到位的妈妈，除了是个好"保姆"外，还是一个激励者、鞭策者、鼓励者。

任何优秀的孩子都是在母亲的鞭策和激励下不断成长，取得进步的。

著名诺贝尔经济学奖获得者罗伯特•希勒的妻子就是一位教子有方的母亲。

这位儿童心理学家出身的妈妈认为：我并不认为花费更多的时间在学业上，会使孩子成年后更有成就，也不能使他们变得更有学习和成功的欲望，太多的压力会适得其反。在童年的时候给孩子一些自由的时间玩耍、想象、思考，或者发掘个人的兴趣，对他们的智能和情感的发展来说，非常重要。

希勒夫妇的两个儿子，以中国人的眼光来看，完全称不上省心——大儿子小时候生性好动，不愿学习，小儿子则有严重的读写障碍。可就是这样两个孩子，最终都进入常青藤名校，并双双获得博士学位。

希勒夫人说，不同的孩子教育方式不一样，但总的来说，正面的奖励教育非常重要。

和一般人理解的奖励教育不同，希勒夫人认为，奖励教育主要是用行为塑造方法，通过一连串的奖励，再加上不断地"讲道理、沟通和疼爱"，来培养孩子好的习惯。但是她并不建议通过奖励来制止不当行为。因为如果这样的话，奖励就成了贿赂。

什么是贿赂？

孩子在超市里哭闹，妈妈说如果你不哭，我就给你买好东西，这就是贿赂，会纵容孩子养成坏的习惯。

什么叫奖励？

比如说，前一天晚上让孩子制订一份第二天的行动计划，孩子从早到晚都安排得井然有序，那么家长就可以根据孩子的完成情况进行打分，并据此实施奖励。这就是正面的奖励教育。

正面的奖励能换来孩子的优秀表现。真正到位的母亲是会奖励孩子的人，这种奖励不是贿赂孩子，而是一种正能量的激励。

现在，妈妈们都一致认为，打骂孩子，是培养不出优秀品质的，得说鼓励他们的话。于是，不管孩子真实的情况怎么样，终日里就能听见这些话：孩子，你太棒了！孩子，你真厉害！孩子，你真的太优秀了，妈妈以你为荣！

后来，在看了希勒夫人的文章后，我才知道，这些所谓鼓励的话是多么的无力和苍白！不能否认这些鼓励的话里面同样蕴含着无限的爱和关怀，但是却缺乏一个最为关键的东西——规则。

没有规矩，不成方圆。没有规则的浇灌，奖励不过是给初生的花枝罩上一层保温罩，当遇到真正寒流的时候，失去了保温罩保护的花枝是活不了多久的。这就是残酷的现实。

而为奖励制定规则就是了为避免上述这种情况的发生。

什么该鼓励，什么不该鼓励，该怎样鼓励，不该怎样鼓励，都要遵循一定的规则。

父母的角色扮演要正确适当，要做孩子的朋友，而不仅仅是孩子的长辈和管理者。朋友要处得久，就不能求全责备，要彼此尊重，要亲密友爱，要互相欣赏，互相鼓励，互相陪伴，彼此之间要建立一个信任的关系。父母对孩子也是一样。

总之，抱定跟孩子一起成长的信念，把最好的自己呈献给孩子，放下成见，父母的角色扮演得正确适当，这样才能让孩子在物质和精神上都有安全感，孩子才会健康快乐地成长，父母才能成就更好的自己。

Part 2

兴趣与天赋：父母要成为孩子的伯乐

家庭教育比学校教育还重要
天赋、兴趣和误区
如何发现和引导孩子的兴趣
培养孩子跟兴趣相匹配的品格
我的挑战：我要跟孩子一起启航

家庭教育比学校教育还重要

孩子就像一块处女地,越早开发越好。但开发也要讲究方式与方法,不能胡来,更不能随着父母的性子来。

还是那句话:遇见孩子,成就最好的自己。首先是要求父母应该抱有一种跟孩子一起成长并在成长的过程中完善提升自我的心态;其次是对孩子不能随意放任,而应该科学管教,正确引导,帮助孩子有所成就。

口号喊了半天了,家长应该怎么做才称得上是对孩子进行优质的早教开发呢?

至关重要的在于家庭教育。甚至可以说,家庭教育比学校教育还要重要,这几乎成为当下的共识。

什么是教育？

有人说了，不就是教孩子、管孩子吗？这有啥好说的？哪个孩子不是在父母的管教中长大的？

但我想问，能管能教就懂教育了吗？

我开始也不懂教育，但随着涵涵的成长，我觉得我的理念和知识都跟不上了，我得学习提升一下自己。所以，我首先要搞明白什么是教育。

顾名思义，教育就是管教加养育。说起来简单，其实里面学问大着呢！教怎么教？管怎么管？育怎么育？

教育是一门科学，有很强的专业性，我们必须学习、掌握这门科学，才能更好地教育好自己的孩子。

有些父母会说了，教育专业太复杂了，我还要工作或者有其他的事情要做，哪有那么多时间去学啊，只有把孩子送到培训班去了。

这是一个非常错误的想法。

首先，教育虽然是一门科学，但并不是要求我们必须要成为这方面的专家，我们只要掌握一些重要的原则和方法，就能取得很好的效果。

其次，教育是需要家庭、学校和社会三者共同配合完成的，这样才是完整的教育体系，三者的作用完全不同，不能相互替代，也缺一不可。尤其是家庭教育，在三者中是重中之重，是教育之根本。

再者，学习不仅仅是为了教育孩子，也是让我们自己有成长的机会。在教育孩子的过程中，也能促进与孩子的亲子关系，相比把时间花在其他方面，这样的学习更有价值，会让父母和孩子更快乐。

总而言之，家庭教育是双向性的，一是通过家庭教育为孩子奠定基础，二是通过家庭教育找出家庭中的不足和缺点，及时弥补。

有家长不重视家庭教育，托词就是工作忙，无暇管教孩子。工作当然重要，但对绝大多数人来说，你的那份工作，你不做，别人也能把它做好。但你的孩子你不教，绝对没有人能够代劳。

在不同的人生阶段，最重要的事情都不同。婴幼儿时期，玩乐最重要；学生时期，学习最重要；工作时期，事业最重要；当为人父母后，教育好自己的孩子，就是所有事情中最重要的了。

作为父母，我们的责任不是把孩子生下来就结束了，生下来只是一个开始，接下来最重要的事情就是教育好孩子。很多父母都会认同这个观点，但是在实际生活中，很多父母的做法却又与这个观点背道而驰。

有的父母工作繁忙，无暇顾及孩子；教育孩子需要科学的方法，有的父母却不愿学习，只是把孩子交给学校或者培训机构了事；作为父母，在孩子面前要身体力行、言传身教，但有的父母明知自己有一些不好的缺点却不肯改正……

家长之所以这么做，就是没有认识到家庭教育的重要性。

通过家庭教育，父母成为孩子的伯乐，成为孩子最好的老师。每一个孩子身上都潜藏着天才基因密码，关键在于父母会不会挖掘和引导。

观察、思考、发现、引导、陪伴，与孩子一起学习，一起成长，你会觉得陪孩子学习、教育孩子是人生中最快乐的事情。

有一段时间，涵涵对音乐产生了浓厚的兴趣。我刚开始没怎么注意，是饶爸首先发现的。他觉得涵涵喜欢盯着电视上的音乐节目看，随着节拍有旋律地舞动身体，还挺像那么回事。

此后，饶爸就有意地安排他多接触音乐，父子俩聊起了乐队，聊起了各种乐器，聊起了音乐的风格，聊起了有名的歌手。每次聊音乐的时候，涵涵都非常兴奋。跟音乐相关的东西，他都主动跟我们分享。

有一天，饶爸问涵涵："涵涵，你对音乐这么感兴趣，想不想学点什么啊？比如说乐器啦，声乐啦……"

涵涵想也不想地就说："爸爸，我想学吉他！"

就这样，我们给他买了一把吉他，还给他买了一些吉他方面的书籍。小家伙从此沉迷到吉他当中去。我觉得在很长的一段时间内，他对音乐的沉迷都超越了记忆法。

他每天都能在学校里很快地完成课业（这得益于他对记忆法的精熟掌握。记忆法让涵涵学习起来很轻松，所以他有许多空闲时间），回到家里，无论是我在还是饶爸在，都会跟他一起练习弹吉他。很多时候，我们只是听众或是评委,偶尔对涵涵的手法发表一下看法。

后来,随着吉他学习的不断深入,涵涵开始尝试着作词和作曲。

饶爸又跟着忙起来,帮他定制曲谱,给他更新设备。如果遇到了我们解决不了的事情,还要带着涵涵去音乐学校请教老师。

可以说,不管工作多忙,我跟饶爸每天都带着十分愉悦的心情欣赏涵涵弹奏。涵涵也很优秀,小小年纪就会作词作曲,还能够自弹自唱,有点小明星范。为此,我感到很骄傲。

他做的那些词和曲,都来源于他的学习和生活,有时候会抒发一下感慨,有时候是牢骚与抱怨,不管怎么说,孩子能够找到正确的宣泄途径,这是好事,说明涵涵的心理很健康。

有一次,他给我们唱了一首歌,自弹自唱。

他站在客厅里,怀里抱着吉他,先是调了调弦,定了定调,然后清亮的嗓音伴随着旋律从涵涵稚嫩的嗓子里发出:

夜里,风呼呼地吹来,

我仰望星空,看见了你。

那里,那颗最远的星,

他到底在哪里。

最远的星,闪亮的星,

他正向我们眨眼睛,

最远的星，闪亮的星，

他正照亮着大地。

夜里，风呼呼地吹来，

我仰望星空，看见了你，

不会，不会再流泪，

因为我们有你陪伴。

最远的星，闪亮的星，

他正向我们眨眼睛，

最远的星，闪亮的星，

他正照亮着大地。

我不会再后悔，

我不会放弃诺言，

我不会失去我的信念。

最远的星，闪亮的星，

他正向我们眨眼睛，

最远的星，闪亮的星，

他正照亮着大地。

旋律非常美,嗓音也很好。我们问他:"这首歌叫什么名字?"

小家伙略带忧郁地说:"最远的星。"

还挺有意思。当时,我差点没忍住掉下泪来。饶爸也很欣慰,嘴上虽然没有夸奖涵涵,可看得出他心里还是很欢喜。

后来,饶爸把这首歌拿给专业人士看,他们都说非常不错,说我们夫妻俩教育得好。

我们哪里懂什么音乐,懂什么作词、作曲?我们有的只是一颗跟孩子一起成长进步的心。孩子的成就同样是我们的成就,这就是家庭教育的意义。

一有空涵涵就在家里边弹边唱,沉浸在自己的音乐世界里

涵涵跟同学们分享自己
创作的歌曲

经过几年的练习，涵涵能自如地在舞台
上表演吉他弹唱

大多数中国父母对教育子女的认识来自长辈或身边人的影响，还有的父母是想当然地认为凭着满腔的爱和热情，就可以无师自通地当好父母，也有部分年轻的父母会通过网络了解教育知识，但是这都有很大的局限性。

我想问问你们，你用心了吗？

后来，涵涵在我们的支持和鼓励下，创作了许多歌曲。其中有这么一首，对我的触动很大：

我是一个小少年，

每天都在望着天，

别人笑我有点笨，

可是我不在意。

有天晚上我想起了你,

起床独自绕阶行,

绞尽脑汁地想,

结果还是空手而归。

我总有一天会长大,

我不想埋怨它,

哭的时候请想一想,

我曾经说过的话。

我总有一天会长大,

我不想埋怨它,

擦干眼泪微笑面对它,

我真的长大了。

我是一个小少年,

乘着风儿上了天,

每当我感到疲倦,

就飞得缓慢。

我总有一天会长大,

我不想埋怨它，

哭的时候请想一想，

我曾经说过的话。

我总有一天会长大，

我不想埋怨它，

擦干眼泪微笑面对它，

我真的长大了。

这首歌的名字叫《长大》。当涵涵唱给我听的时候，我当时泪就在眼眶里打转。才多大点的孩子啊，心思却这么细腻。是啊，当孩子真正长大的时候，我们为人父母的就要老了。不是有这么一句话吗？不要缺席孩子的童年。我要说的是，不要缺席孩子的成长。

不缺席孩子的成长，就要给他一个良好的家庭教育。其实，家庭教育是多方面的，包括做人、做事、学习等，这些我们都不要缺席。有的时候我们可能不懂，但不要怕，只要用心就可以了。

孩子能感觉到你的用心，能够感觉你在跟他一起长大，这就足够了。

天赋、兴趣和误区

兴趣是什么?

兴趣是人生的爆发点。

人的一生总是在关注自己感兴趣的东西,愿意在自己感兴趣的领域付出和努力,即使没取得什么成就,心里也不会有太多沮丧。

兴趣还可以让一个人变得有趣,不枯燥,不机械,富有灵性。一个人的人生有没有意义,取决于他是否是一个有兴趣的人。

对于孩子来讲,兴趣关乎他的一生。一个孩子如果对某个领域感兴趣,并在后天持续地为这个兴趣付出,将来他一定是个富有成就的人。古往今来,多少事例都证明了这个观点。

但做父母的都容易混淆两个概念——天赋和兴趣。

天赋是天生的,是一种自然的能力和潜质;兴趣是后天发现的,是能够通过努力有所成就的。两者之间关系微妙。天赋可能发展成兴趣;兴趣并不一定需要有天赋。另外,两者之间还有一个最根本的区别,天赋是原生态,不能培养和训练;兴趣则相反,它是可以培养的,并能够通过训练来提升和加强。但两者都有一个共同点:需要去发现!

涵涵1岁左右时,就对与数字相关的东西很敏感。我给他买的那些贴画、识字贴、数字贴什么的,他最关注的是数字贴,甚至能指着其中的某一张咿咿呀呀地念出来。

涵涵从小就表现出对数字相关的东西很敏感

当时我们没有很在意，因为涵涵还小，小孩子随时可能对某一事物或某一领域感兴趣，但一般都很短暂，很快就忘了。直到后来涵涵学习了记忆法，并多次在各种赛事上获奖，深受师友和观众的赞赏，我才发觉当时真的很傻，对涵涵表现出来的天赋视而不见。幸亏涵涵一如既往的释放着天赋潜能，要不然就可能被我们埋没了，到那时我们就真的内疚了。

这是我们对涵涵天赋的认识。在这个过程中，以及此后很长的一段时间内，我们开始有意做一些事情——引导他的天赋向兴趣转变，并把兴趣培养成为他终生的能力。他不一定要靠这种能力吃饭，但这种能力一定会让他的生活变得轻松、快乐。

我的做法是，给涵涵设计一些简单的数字游戏，以提高他的兴趣，加强他对数字的敏感性。这样的数字游戏网上多的是，关键在于日复一日的陪伴和训练。

有的人说了，涵涵有天赋且被你们发现了、引导了，可是对于许多没有天赋的孩子，该怎么办？

还是那句话，只要用心，一切都不是问题。

如果没有由天赋衍生的兴趣，我们可以发现并培养孩子的兴趣。

涵涵喜欢看《三国演义》，刚开始是连环画，后来是动画片，再后来是电视剧，现在可以看原版了。我一开始以为，这不过是小孩一时心血来潮,喜欢看漫画书和动画片。可是在平时的聊天中,他能熟练的运用相关的典故,并对历史故事如数家珍地娓娓道来的时候,我觉得,我发现了他的兴趣点——涵涵热爱历史。我们开始引导他,带他访师拜友,游访古迹。

毫不夸张地说,涵涵的历史功底不但在同龄人中是最深厚的,就连许多成年人都不如他。

涵涵有一个远房的亲戚,是一所大学的历史学教授。过年的时候,我们带着涵涵去给老教授拜年,其间有段涵涵跟老教授单独相处的时间。他们聊了许多历史话题。等到吃饭的时候,在桌面上闲聊,我们就好奇他们聊了什么。

涵涵神秘地笑了笑。老教授也笑了笑,并没有回答他们聊了什么,只是告诉我们,涵涵对于历史事件的看法和观点很新颖、很奇特,连他这个老学究都不得不服啊。老教授一席话,说得大家都笑了。

可见,兴趣所起的作用是多么巨大。凡事有了兴趣,才可以谈成绩、成就啊,否则一切都是白费。

然而,许多家长在后天对孩子兴趣的发现和培养上也存在着误区。

其中最大的误区就是替孩子选择兴趣,其结果是淹没了孩子真正的兴趣,扼杀了孩子学习的激情,甚至导致孩子出现逆反心理,与父母关系紧张,有的还会导致孩子心理压力越来越大,以致精神萎靡,对生活、学习感到迷茫，逐渐丧失信心。

都说兴趣是孩子最好的老师，可是如果陷入误区，这个老师就不称职了。事实证明，只有发自孩子内心的兴趣，才是孩子最好的老师。

平时，家长要及时与孩子沟通，了解孩子的兴趣所在，而不要想当然地替孩子做主。有时即便双方有了共识，但缺少沟通也容易使孩子认为父母只是发号施令的将军，造成这种状况就得不偿失了。

与此同时，家长要摆正心态，要明白培养孩子兴趣的真正目的是什么。要知道培养孩子的兴趣，并不是为了在未来孩子能够赖以功成名就，以此收获成功的人生。如果真是这样，同样走进了培养兴趣的误区。

培养孩子的兴趣，应该是没有任何功利性目的，孩子的兴趣并不为他未来的成功服务，而是为他未来的人生服务。因为功成名就并非是人生的全部意义，甚至连最重要的意义都算不上。

兴趣关乎孩子一生的幸福，一定要允许孩子放飞梦想，帮助他们，引导他们，激励他们，让他们把梦幻变为现实，并为之乐此不疲。

如何发现和引导孩子的兴趣

兴趣关乎孩子的一生。只要孩子找到了自己的兴趣,就会不断地主动学习相应的知识——这对于他来说,不再是功课,而是本能的需求,是愉快的体验。

所有的道理都表明,一个人能够从事自己喜欢的事业,进而获得生活的保障,是人生最大的幸福。因此,培养兴趣比学习知识更加重要。

我很欣赏蒙台梭利的教育理念——教师是观察者,孩子是主动的,通过工作(数学和感官教具等),发现兴趣,培养自律……

比如英国的一些学校,给予了孩子最宽泛的自由。学生可以自己选择上不上课,上什么课,做哪些事情,寻求哪些帮助;实验室和木工房都是开放的,哪个孩子有兴趣,都可以自己在那里捣鼓——只要在安全的范围之内，老师只是从旁观察，而不主动讲授任何知识。

因此，孩子首先要有兴趣，再根据兴趣去学习知识。如果没有兴趣，那首先要做的是发现自己的兴趣，而不是学习知识。

毫不夸张地说，兴趣是奠定孩子一生幸福的基础，以及自由人生的基石。那么，怎样发掘和培养孩子的兴趣呢？

一条最关键的原则就是——兴趣来源于个性。

我认为，孩子在3岁之前，孩子的各种感观功能慢慢地得到发展。在此过程中，孩子具备了很强的表现和模仿的欲望。这种欲望体现在孩子身上就是他对什么事都充满好奇。

父母们常说，小家伙对什么都好奇，或者小家伙对某事物尤为好奇。这种好奇就是一种兴趣倾向。这种倾向里隐藏着这个小孩的个性。

举例来说，有的孩子在哭闹很凶的时候，给他放一段好听的音乐或是歌曲，哭声就会戛然而止；而有的孩子，听音乐不管用，让他看到鲜艳的图片，他就会停止哭声。

我觉得这就是孩子们最初的兴趣表现。因此，兴趣源于个性，孩子的独特表现是兴趣发展的基础。同理，发现了孩子的兴趣，发展孩子的兴趣，就是保护孩子的个性。

如果家长拿不准孩子的兴趣所在，需要用理解和尊重的态度去对待孩子，因为理解和重视是发现和引导孩子兴趣的保障。

鲁迅曾经说过：孩子的世界，与成人截然不同，倘不先行理解，一味蛮做，便大碍于孩子的发达。先行理解指的是你最好能了解到孩子的天赋、个性和性情，只有充分了解这些关键性的东西，才能由衷地尊重孩子，引导孩子，从而发现孩子的兴趣。

当初，我们在涵涵身上发掘兴趣的时候也颇费周折。

有一段时间，我们也想按照自己的意愿给他制造一个兴趣出来，后来还是放弃了。在多种尝试之后，我们发现涵涵记性非常好，尤其是对数字敏感。

记得在涵涵很小的时候，模仿《红楼梦》里的情节——在宝玉周岁的时候，贾政跟家里许多人在宝玉周围摆了好些东西，让宝玉去抓，抓到什么就预示着孩子将来可能从事哪种事业或行业，结果宝玉什么都不抓，偏偏抓了女孩用的胭脂水粉一类的东西，贾政大怒，说宝玉将来不过是个纨绔子弟——我们也在涵涵周围摆了好些东西，有音乐光盘、画笔、书籍、数字卡片、双节棍等，让刚满1岁的涵涵去抓。结果他爬到数字卡片那儿的时候，停了下来，用小手在那抓。

我在这里并非宣扬迷信，我只是想说，孩子的兴趣会通过各种各样的方式表现出来，就看父母能不能用心发现。

我跟饶爸发现涵涵对数字敏感后，在接下来的日子，我们就会留心观察他在数字方面的表现有哪些变化，我们逐渐发现，他的记忆力好得惊人。

这也是我们让涵涵学习记忆法的初衷。

涵涵在练习珠心算

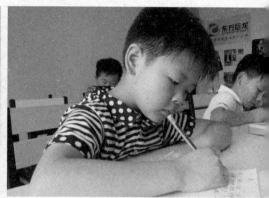
涵涵在学习班学习记忆法

其实,伯乐是不好当的。所以,古人才会发出"千里马常有,而伯乐不常有"的感叹。这里我向大家分享一些技巧性的方法。

一,观察孩子的喜好。这个不用多说了,我发现涵涵的兴趣靠的就是善于观察。朗朗的父亲也是这么做的。在朗朗3岁的时候,他的父亲就发现他对钢琴和音乐有着浓厚的兴趣,然后就加以引导和悉心培养,尽可能创造一个适宜的环境,最终培养出了世界级的钢琴天才。

二,主动去发掘。这个其实也好理解。孩子是可塑的,我们不能只是一味地观察，还需要带着孩子拉练一番。在拉练的过程中，你一定会有惊喜的发现。

你要带孩子去图书馆看书，去参加音乐会，去看体育比赛，去听学术演说，去看专业展览会；你还要对孩子讲解这些不同领域的特色和发展状况等，在不知不觉中，你就会发现孩子的兴趣所在了。

三，掌握好尺度。选择权一定要给孩子，而不是父母想当然地代劳或强加给孩子。成年人往往爱慕虚荣、好面子，因而常导致培养孩子兴趣时不切实际、好高骛远。

比如说，别人家的孩子学小提琴获奖了，家长也要让自己的小孩学，觉得这样自己脸上才有光，才不会被别人笑话，对孩子的想法却完全不管不顾。这样做只会适得其反，孩子学习起来别别扭扭的，什么都学不好，家长脸面没争上，亲子关系还受到了损害。相反，如果让孩子自己做主，当他的主动性被调动起来的时候，他的激情就会像火山爆发一样不可阻挡。

除此之外，关于兴趣特长班，我也想补充说一说。不是报的特长班越多，就越能发现孩子的兴趣。反之，还可能起反作用。一切还是要让孩子自己选择，只有发自内心地选择，他才能用心投入地去学习。

培养孩子跟兴趣相匹配的品格

仅仅发现和引导兴趣还不足以让孩子健康顺利地成长,为什么?

因为还缺一个保驾护航的要素。这个要素能够把孩子的兴趣、父母的引导、人生的梦想拴在一起,成为一体,使孩子更容易实现梦想,获得成功。这样的要素就是与兴趣相匹配的人的品格。

说白了就是"一颗恒心,务必坚持"这八个字。

成功的人生是没有什么捷径的。如果硬要说有什么捷径的话,那么它唯一的捷径就是坚持。坚持是获得成功最简单、最有效的捷径。

认准了兴趣方向,就不要再随意变换,一直陪伴着孩子往前走,不要回头,也不要东张西望,相信孩子和你自己,一定会有成果。这就是我的信念。

在涵涵学习珠心算的时候，也出现过一些波折，也可以说是一些挫折。

当时，涵涵在培训班里年纪最小，班上的同学都比他大两三岁，而且他还是一个插班生。其他同学都能运用双手熟悉地拨打算盘，而涵涵单手还不是很熟练。平时自己在家里练也没觉得有差距，反正就是感兴趣，慢慢练习就是了。可是有了比较以后就不行了，涵涵开始感到了压力，我的心里也觉得涵涵可能会因为跟不上或者跟同学相处得不好而厌恶珠心算，放弃我们好不容易培养起来的兴趣和取得的一点零星成绩。

我的心里很担忧，有一种预感，担心涵涵的珠心算这点小兴趣可能夭折。

果不其然，涵涵在课堂上感觉不舒服，回到家里也一个劲地说上课不好玩，下次不想去了。

我也不知道怎么做，当时就给他讲铁杵磨针的故事：

唐代大诗人李白小时候读书不用功，经常逃课。一次，他在课堂上又坚持不住了，便跑到郊外玩耍。他来到一条溪边，碰到一位白发老妪正在霍霍地磨着铁杵。

他久久站立，目不转睛地看着老妪一直磨个不停，然后奇怪地问："老奶奶，你磨这个干什么？"

老妪微微一笑："做针啊。"

李白好奇地问:"那磨得成?"

老太婆说:"成,一定能成,只要功夫深!"

老妪自信的回答强烈地震撼了李白!于是他连忙转身回到学堂,从此发奋学习,终于取得了极大的成就。

我告诉涵涵,成功和幸福都不是轻易获得的,必须付出艰辛的努力,还得持之以恒,坚持坚持再坚持,不能遇到一点困难就萌生退意。

我当时天天陪着涵涵去上课,为了能够增强他的兴趣,让他不再气馁,我也在课堂上学起了珠心算。涵涵看到我笨手笨脚学珠心算的样子,到了家就不停地取笑我,可是我看得出来,他的兴趣被一点点地激发出来,以前的沮丧不见了,他开始放下一些东西,轻装上阵。

经过不到两个星期的努力,我拨打算盘的能力有了很大提高,但跟涵涵比起来还是有不小的差距。小家伙不但能双手拨了,而且还能盲拨,拨打时还能精神高度集中。

后来培训班里做测验比赛,涵涵竟然后来者居上,不但超过了那些先来的同学,而且还打破了自培训班创立以来的成绩纪录。

经过这么一番退缩和再度出发,涵涵对珠心算的兴趣更加浓厚,这直接为后来他在记忆法学习中的完美爆发埋下了伏笔。

一切贵在坚持。

荀子说:"骐骥一跃,不能十步;驽马十驾,功在不舍。"骏马虽然比较强壮，腿力比较强健，然而它只跳一下，最多也不能超过十步；相反，一匹劣马虽然不如骏马强壮，然而如果它能坚持不懈地拉车走十天，照样也能走得很远。它的成功就在于能走个不停，也就是坚持不懈。

"水滴石穿，绳锯木断。"为什么小小的水滴能把石头穿透，柔软的绳子能把硬邦邦的木头锯断？说白了，靠的还是坚持。一滴水的力量是微不足道的，然而许多滴水不断地冲击石头，就能形成巨大的力量，最终把石头穿透。

愚公移山，精卫填海，还有许许多多的故事告诉我们：不论做什么事，如果不能坚持到底，遇到点困难就半途而废，那么再简单的事也只能功亏一篑；相反，只要抱着持之以恒的精神，再难办的事情也会变得容易起来。

很多孩子在最初学习某项技能的时候很感兴趣，后来慢慢兴趣就没了，这是什么原因？

这也不能说他不坚持，而是因为他觉得自己做得已经足够了，不需要进一步做下去了。这种浅尝辄止的做法，让无数的孩子最终没能在自己曾感兴趣的领域脱颖而出。兴趣这东西，说白了就好比吃美食，只尝了一小口，怎么能知道整道菜的美味呢？

虽然找准了孩子的兴趣点并成功做了引导，但如果孩子只是泛泛地了解一些知识和经验，还是远远不够的。培养孩子不是投资理财，分散投资的方法往往不会让这个孩子多才多艺，相反会使孩子丧失成功的机会。

这里有一个故事：

阎立本是唐代伟大的画家。有一次，他到荆州观看张僧繇留下的壁画。第一天，阎立本看不出什么名堂，觉得就是一幅普通的壁画而已，和其他的壁画没有什么差别。于是，他认为张僧繇是徒有虚名而已。

第二天，他再去观赏，感觉与昨天不同，似乎领略到了一些画中的意味，但又说不出来是什么，只是觉得很有意思。于是，他否定了前一天对张僧繇的看法，称其为画坛佳手。

第三天，他又前往观赏，这次感觉大不一样，仿佛拨云见日，豁然开朗。想不到，这幅壁画，看似平凡，实际上巧妙得无与伦比。于是，他情不自禁地叹道："真是名不虚传啊。"

第四天，第五天……阎立本天天来看这幅壁画。他越看越觉得有味道，坐着看，躺着看，反复揣摩，竟流连忘返，欲罢不能，最后干脆一下待了半个月，才依依不舍地离去。

应该说，作为唐朝最著名的画家，阎立本的鉴赏能力是毋庸置疑的，可是当他观赏壁画的时候，第一次依然不知其味，更何况是第一次接触新事物的小孩子呢？

引导孩子发展兴趣不能一蹴而就，一定要有持之以恒的心态。还有，我的一个最大的心得就是，孩子就是孩子，他的心智还不成熟，自我的控制力薄弱，此时就需要父母来约束和矫正他。但是，问题出来了：这个度怎么把控？

约束多了恐怕引起逆反，约束少了又力度不够，这可怎么办？

其实，不用纠结。我有一个秘诀，就是参与和陪伴。

古代帝王太子都有伴读小书童，我们做父母的得有充当小书童的胸怀和气度。陪着孩子学，在学习的过程中跟着孩子一起忧喜，然后寻找方法把负能量的东西向正能量转换。这才是我们应该做的，而不是高高在上，手执着教鞭和戒尺，一靠吓唬、二靠吼，那终究是不管用的。

"小书童"虽然当着很辛苦，但是不时会有欣喜出现，发生在我身上的故事，足以证明这一切。

我的挑战：我要跟孩子一起启航

孩子的兴趣最终能不能转化为成绩，父母的作用至关重要。发现容易，引导难；引导容易，坚持难；坚持容易，出成绩难。能不能在兴趣的土壤上收获丰硕的果实，孩子的努力固然重要，但父母的作用也不容小觑。甚至说，在很多事情上，当孩子尚不具备掌控力和意志力的时候，父母的作用至关重要。

因此，父母得接受挑战，甚至是前所未有的挑战。

就拿我来说吧，我以前就是普普通通的上班族，工作日在办公室度过，朝九晚五，节假日了出去玩一趟，日复一日。

有了涵涵以后就不一样了。等发现了涵涵的兴趣，并决心陪伴他共同发展兴趣之后，就更不一样了。

我接受了人生中的挑战，饶爸也接受了他的人生挑战，不过他没我早。但我们的意见是统一的。

前边我说过，涵涵学习珠心算的时候，并不是一个人在学。为了能让他鼓足信心，我也参与其中。说实话，我上学的时候倒是学过几天珠算，可是已经三十多年了，最基本的知识我都不记得了。因此，为了引导涵涵的兴趣发展，我只能从零开始，学习珠心算。

从零开始，说起来容易，做起来着实不容易。

那么多人在一起学习，都是小孩子，就我一个大人，他们拨弄算盘，我也跟着拨弄，有时候小孩子们善意的笑，我都容易理解成嘲笑。好在我脸皮厚，硬是挺过来了，后来还跟孩子们打成一片。

在学习珠心算的过程中遇到困难，我一度想打退堂鼓。可是转念一想，如果我这做父母的动不动就因为一点困难就放弃，还有什么资格要求和教育涵涵呢？于是我咬牙坚持，最终挺过来了。

因此，人不能轻言放弃。

涵涵在珠心算上学得很好，获得了不少奖牌。饶爸还跟我开玩笑，说军功章里有涵涵的一半，也有我的一半。我很欣慰，但绝不止于此。我感到更多的是一种成长——我战胜了挑战。

人生无处不挑战。童年、成长、学习、工作、婚姻、孩子、事业、老去……我们时时刻刻都面临挑战。我的人生面临的最重要的一次挑战是涵涵出生后如何养育他。我以为解决好了这个问题，其他一切就水到渠成了。可是，天底下哪有那样的简单事？

有了孩子，如果你想当个用心负责任的父母，就得时刻准备接受不断出现的挑战。

我何曾想过会在珠心算领域能取得如此优异的成绩呢？

可是，我竟然做到了。都说天下无难事，只怕有心人，我觉得还得从动机论来说——我愿意跟涵涵一起努力，一同进步，共同成长。

珠心算学到了一定阶段，我就开始跟涵涵一起学习记忆法。这种陪孩子坚持到底的勇气，连饶爸都佩服我。

最开始的时候，我带着涵涵找到袁文魁老师，想让涵涵跟他学习记忆法，可是袁老师觉得涵涵年龄太小了，涵涵当时只有5岁，而一般学习记忆法的年龄最起码得8岁，还不适合学习记忆法。

我就跟他说，涵涵的年龄是不大，可是他的珠算和心算都学得非常不错，况且我也会跟他一起学，我相信我们母子俩一定能学好。袁老师见我们态度诚恳，最后也就答应了。

涵涵在记忆法的学习上付出了艰辛的努力，取得了不错的成绩，《最强大脑》上的成功就是证明。我想说的是，我的记忆法也是不错的。其实，人只要认真学，都能把记忆法学好。

涵涵参加江苏卫视《最强大脑》节目

  我的挑战在于,除了学习记忆法,我还想把这种高效科学的方法总结提炼一下,形成一种大脑训练的方法,然后辅之以多年对涵涵培养和教育的心得和经验,创立一种全新的学习体系,造福广大的孩子。

  于是,才有了饶舜涵全脑学习法的诞生。从陪太子读书到一起学习珠心算、记忆法,到创立全脑学习法,再到招收学生,一路走来,挑战不断,收获不断,同时也证明了那句话——一切皆有可能。

  现在来看,我的梦想是跟涵涵一起启航的。虽然最开始时并没有这样设计,但新的机遇总是蕴藏在很简单的付出过程之中。

  人生充满了挑战,每次挑战都伴随着机遇,我们要时刻准备迎接挑战。回顾陪涵涵走过的这些年,我就发现,其实没有什么是不可战胜的,只要你抱有足够的信心和持久的恒心,不要考虑后果如何,坚持下去，一定会迎来曙光。

当然，每一个人都要经历挫折和失败。在学习珠心算和记忆法的时候面对挫折和失败，我的态度是迎难而上，而不是退缩。

涵涵站到《最强大脑》的舞台比赛，他所经历的多次全国性、世界性的赛事，饶爸的事业，我陪涵涵一起学习、创设和推广全脑学习法，这些都是由各种各样的挑战组成的，通过挑战，最终我们得到了成长，取得了成绩。

全脑学习法可以说是我们这些年在同涵涵一起成长的过程中取得的阶段性成果。它是一种全新而科学的学习方法，它在涵涵身上所达到的效果已经为它的科学性和高效性做出了有力的证明。

我们全家参加PPTV《我有最强大脑》节目录制

2014年深圳卫视《辣妈学院》节目上我与主持人李湘交流育儿经

2015年参加贵州卫视《爸爸请回答》节目,父子二人配合默契获得第一

Part 3

全脑学习法：塑造孩子的完美素质

科学的方法很重要
我是怎么做的
专注力：掌控心灵的唯一门户
观察力：有目的地去感知
思维力：培养智力的核心
想象力：锻造智力的引擎
记忆力：巩固智力的根本

科学的方法很重要

前面讲了很多道理，读起来似乎都好懂，但真正做起来却是一个艰辛的过程。

涵涵从5岁起开始接触记忆法的学习，很短的时间内就能在《最强大脑》节目中崭露头角，这里边既有他自身的天赋与努力，也有几位老师的因材施教，同时还离不开我跟饶爸跟他一起学习、成长过程中付出的努力。更为重要的是，他得益于一种科学的学习方法。

科学的方法真的很重要。为什么这么说呢？

一，在涵涵的兴趣点被发掘出来以后，通过这套科学方法的训练，他的天赋和兴趣更加突出，他的能力提到了很大的提升，课业学习中也受益匪浅，甚至在一些特长爱好中，这套科学的方法依然发挥了非常重要的作用。

二，在与涵涵一起成长的过程中，我跟饶爸也深深得益于这套科学方法。与孩子一起成长是精神和技能两个方面的共同进步。如果我们做父母的技能跟不上，只是在精神上鼓励和支持，时间长了就会产生一个负面的效应——我们的支持和鼓励太苍白了，没有力度。因此，跟孩子一起努力学习、进步是家长不可逃避的一项重要课程，也是成就更好自己的一项重要修炼。

三，涵涵的几位老师也是依托这套科学方法对涵涵进行教授和训练的，尤其是袁文魁老师。他们几位对记忆法的熟谙和精心传授，加上对涵涵因材施教，这是涵涵能够取得很好成绩的又一重要原因。

既然这套科学方法这么有效，那它是什么呢？

这套科学方法就是：全脑学习法。涵涵的学习、训练、生活等各个方面，其核心都在于全脑学习法。

在详细介绍全脑学习法之前，我首先跟大家介绍一下大脑的有关知识。

首先，大脑真的很复杂。人类的大脑重约1千克，它就像一个迷宫一样，结构非常复杂。有一个最直观的比较，目前功能最强的电脑的记忆容量是1,000,000,000,000（10的12次方）个字节，人脑记忆容量的字节数，则大约为10的8433次方。

其次，大脑真的很神奇。你也许不相信，如果一个人的大脑被全部开发，那么他能学会40种语言，拿14个博士学位，能把百科全书从头到尾一字不漏地背下来，他的阅读量可以达到世界上最大的图书馆——美国国家图书馆1000万册馆藏图书的50倍！

此外，大脑不是混沌一片，而是有着左右两个半脑的严格功能区分。左半脑主逻辑、记忆、推理、分析等；右半脑主形象、直觉、情感、美术、音乐、想象等。人类自然地开发了左脑，而右脑的开发取决于后天的训练。

现在的共识是，右脑的开发非常重要。只有把右脑潜力充分挖掘出来，才能表现出人类无穷的创造才能。

全脑学习法就是针对右脑开发设计的，目的是实现左右两个半脑的平衡发展。正如著名的诺贝尔物理学奖获得者李政道所说："科学和艺术，是硬币的两面，谁也离不了谁。"左脑与右脑就是科学与艺术的关系。从人类的历史上看，一个优秀的人物，他的左右脑都是均衡发展的。

对孩子来讲，0~3岁是右脑开发的关键期。

孩子在3岁前出现的敏感期主要有：秩序的敏感期、动作的敏感期、语言的敏感期、细小物体关注的敏感期。

作为父母，应及时把握孩子的敏感期，有针对性地进行开发和引导。

1.秩序的敏感期

秩序是指有条理、不混乱的情况，是"无序"的相对面。孩子要长大，要面对未来的复杂社会，就必须建立自己内心的秩序，从秩序到规则，不断完善自己。

（1）秩序敏感期的时间：出生到3岁。

（2）秩序敏感期的表现：一个刚刚满月的孩子，家人把他抱到楼下，孩子就会哭，再把他抱到原来的房间，孩子就不哭了。这表明，孩子对环境、对他原来生活的房间的秩序有了感觉。

（3）秩序敏感期的作用：给孩子一种有秩序的生活，能稳定孩子的情绪，并且建立良好的生活习惯。

2.动作的敏感期

2岁的孩子已经会走路了，是活泼好动的时期，父母应充分让孩子运动，使其肢体动作正确、熟练，并帮助左右脑均衡发展。除了大肌肉的训练外，更要注意小肌肉练习，即手眼协调的细微动作教育。这样不仅能养成良好的动作习惯，也能帮助他的智力发展。

（1）动作敏感期的时间：动作发展主要包括两大领域，一个是身体运动，如走路，另一个是手的动作。走路的敏感期是1~2岁，手的动作敏感期是1.5~3岁。

（2）动作敏感期的表现：孩子在从迈步到学会走路这个过程中，

是非常愿意走路的,并且不愿意让成人拉着走,而手的动作则是伴随着走路而不断发展的,孩子走到哪里,手就抓到哪里。

(3)动作敏感期的作用:孩子的学习都是通过手触摸外界的新鲜事物来进行的。同时,手连着大脑,手的活动又受到大脑的支配。

3.语言的敏感期

婴儿开始注视大人说话的嘴形,并发出咿咿呀呀的声音时,就开始了他的语言敏感期。学习一种新的语言对成人来说相对困难,但幼儿能很容易学会母语,这是因为幼儿具有自然所赋予的语言敏感性。语言能力影响孩子的表达能力,父母应经常和孩子说话,给他讲故事,或多用"反问"的方式加强孩子的表达能力,为其日后的人际关系处理奠定良好基础。

(1)语言敏感期的时间:语言能力分为口头语言和文字语言两种能力,3岁以前是口头语言的敏感期,3岁以后才会出现对书写、阅读等文字语言的兴趣。

(2)语言敏感期的表现:孩子最喜欢的是妈妈的声音,因为妈妈说话的声音能满足孩子的各种需要,所以孩子最易识别的声音是妈妈的。然后从爱听妈妈的声音到听懂妈妈的声音,到听懂后做出动作反应,最后才有语言表达。

(3)语言敏感期的作用:0~1岁是前期语言时期,孩子从爱听到听懂；1~3岁是语言期，其中1~2岁的孩子能用只言片语表达自己的意思；2岁以后，孩子进入语言的爆发期，不但会自言自语，而且会模仿成人说话。在语言爆发阶段，家长给孩子提供良好的语言环境，能促使孩子语言能力的发展与提高。

4.对细小物体关注的敏感期

成人常会忽略周围环境中的微小事物，而孩子却常能捕捉到其中的微妙变化。因此，若孩子对泥土里的小昆虫或衣服上的细小图案产生兴趣，正是您培养孩子对细小物体关注的好时机。

（1）对细小物体关注的敏感期的时间：1.5~3岁。

（2）对细小物体关注的敏感期的表现：孩子对细小的物体特别感兴趣，比如孩子面前同时有一支笔、一粒花生米和一粒小豆，孩子会首先抓住小豆。因为孩子的视野和成人的视野不一样，成人的视野是开放的，而孩子的视野则更关注细枝末节，哪个微小，孩子就关注哪个。

（3）对细小物体关注的敏感期的作用：孩子对细小物体的关注其实就是孩子观察力的最初表现。成人不要打断孩子的专注，应该在安全的前提下保护他的兴趣。

总之，无论是从大脑发育、智力开发、身体增长、性格培养，还是从其他方面来说，0~3岁都是孩子一生中最重要的时期之一，父母一定要抓住这一人生成长的黄金期。

我是怎么做的

黄金期过后,孩子将迎来最为关键的3~8岁的大脑后天开发阶段。当我了解了这些重要的知识以后,我就开始着手制订计划。

我是个喜欢计划的人,也曾和现在的大多数年轻人一样,想婚后多玩几年,过过美好的二人世界。可当身边的同学、朋友每次聚会聊的话题都聚焦到孩子上面时,我开始意识到孩子在我们生命中的重要意义——他们能改变我们的一切。

想当初,当我决定做一个母亲时,我开始有计划地调整自己的身体和心理,以最好的状态迎接孩子的到来。

我和饶爸曾达成重大共识——孩子和父母就好比是种子与农夫的关系,要让孩子茁壮成长,我就必须给他最好的土壤。

孕期，我们开始为做一个合格的父母做各种准备，如何让孩子健康发展，如何教育孩子，成了我们的必修课。在孩子呱呱坠地的那一刻，我知道即将面对人生中最大的改变，我将陪着这个小生命一同成长。

孩子从一出生就蕴含着强大的精神能量，他将按照内在的成长规律成长。他的发展不需要成人给他增加新内容，只需为他的发展提供各种环境和各种条件。

下边我将分享涵涵黄金期和后天开发期这两个阶段的一些经验，希望能给读者朋友一点启发。

涵涵刚出生的时候，医生告诉我，孩子只能看20厘米左右远，且眼中的世界是黑白的，我就翻阅资料验证，并找出黑白的视觉卡片给他看，进行注视训练。

涵涵2个月时，我敲击琴声刺激他的听觉

涵涵三四个月时，我给他做视觉追视训练。同时，我每天都坚持给他做身体操和抚触。

接下来，就到了涵涵的口腔敏感期。这是孩子的第一个敏感期。涵涵会把很多东西都往嘴里放，比如他会用嘴去感知软硬，当他在反复尝试的时候，我们要告诉孩子这是软，那是硬，他们就能明白。

涵涵9个月的时候，就已经能到处爬了，四肢协调能力很强。在爬行的时候遇到危险和障碍物，他都能快速避过。我们陪着他一同在地上爬，并教他认带图画的卡片，直到有一天，我无意识地让他从众多卡片中把"石""风""车"等卡片找出而他成功做到时，我们明白了，孩子的无意识输入是有效的，他真的认识了这些字。那时他才1岁多，就能认识好多简单的汉字。

后来，涵涵上了幼儿园。他在一家双语幼儿园学习，上课是英文环境，英文教学采用的是"phonics"，即自然拼读法。我们以前初中才开始学习英语，用英标拼读单词，完全没听说过自然拼读法。于是，我们开始了解这种单词学习法。这种学习法对处于3~4岁语言敏感期的孩子来说，很科学，我们每天都会以儿歌的形式跟他一起读。

敏感期对于一个孩子的成长来说，怎么形容其重要性都不算过分。如果错过了孩子学习敏感期的教育时机，将造成难以逆转的后果。

幼儿园对于一个孩子来讲，是真正接受家庭外教育的开始，也是孩子黄金期跟后天开发期的一个衔接点。许多人认为孩子上幼儿园就是让幼儿教师帮忙带带孩子,孩子吃好玩好就一切都好了,至于说什么学习啊、训练啊,都不重要。

其实这么想是非常错误的。幼儿园是孩子接受后天教育的关键场所,而且幼儿园这三年加上小学最初的几年,对孩子大脑的开发起着至关重要的作用。孩子一生的智力和潜能的预开发都是在这个阶段完成的,如果不重视或者荒废了,未来一定会悔之不及。

下面我跟大家分享一下,我跟饶爸在开发涵涵大脑的过程中的一些经验和心得,姑且称之为饶舜涵全脑学习法。

饶舜涵全脑学习法是专门为3~8岁儿童设计的一套教育理念和方法,能充分开发孩子的专注力、观察力、思维力、想象力、记忆力,养成好的用脑习惯,从而改变孩子的行为习惯及行为模式,培养孩子的良好性格。

早期的潜能开发是大脑构建的关键期,只有把握住早期教育时机,给予科学的引导、培养和教育,才能充分开发孩子的大脑潜能,培养出高素质的人才。

饶舜涵全脑学习法建立在脑科学的基础之上,针对婴幼儿大脑的图像功能和对周围事物的敏感度,强调看到、听到、闻到和感受到,让各种信息对大脑形成全方位的刺激,从而形成形象思维能力。

饶舜涵全脑学习法与其他学习法比较，有以下特点：

（1）饶舜涵全脑学习法以促进全脑发展为目标，是把学习理解为"刺激"输入、促进大脑神经系统建构的过程；其他学习法则是以掌握知识为目标，是把学习理解为知识输入、提取的过程。

（2）饶舜涵全脑学习法把接收信息作为主要的指标，强调看到、听到、闻到和感受到，强调"知其然"的重要性，并且强调大脑发育、大脑构建的时机，强调敏感期和关键期的重要性，强调孩子的成长不容等待；其他学习法则把理解作为掌握的标准，强调听懂、看懂、理解，强调要"知其所以然"。

（3）饶舜涵全脑学习法是从大脑的各个领域发育的角度设计训练内容的，所有的内容都指向大脑特定区域的发展；其他学习法则是从学科体系角度设计课程内容，所有内容都直接与学科知识发生联系，并没有考虑孩子的身心发展。

（4）饶舜涵全脑学习法重视训练的多重效果，即刺激的能量对大脑发育的效果，刺激的信息内容对孩子知识体系建立的效果，刺激的方式对孩子心理的影响效果；其他学习法则重视课程内容的单一效果，就是教育对孩子的知识积累的影响。

饶舜涵全脑学习法训练的目标在于：

（1）让孩子的潜能得到全面的开发，使孩子各方面的能力达到全面的发展。

（2）让孩子在短时间内吸收更多的信息。

（3）让孩子调动各个感官来吸收更多的信息。

（4）让孩子以快乐的心情来吸收更多的信息。

（5）让孩子有自信，有较高的情商，对家庭和社会有责任感。

（6）让孩子手脑并用，使肢体和大脑能完美结合。

饶舜涵全脑学习法主要涵盖5种能力的培养和提升：专注力、观察力、思维力、想象力、记忆力。

（1）专注力：人的心理活动指向和集中于某种事物或问题的能力，决定智力提取的速度和质量。俄罗斯教育家乌申斯基曾精辟地指出："'注意'是我们心灵的唯一门户，意识中的一切，必然都要经过它才能进来。"

（2）观察力：有目的地去感知事物、发现新知识、理解新内容的能力。人的观察力并非与生俱来，而是在学习中培养、在实践中锻炼起来的。

（3）思维力：对问题理解、分析、比较、推理、论证、判断、综合的能力，是智力的核心，参与、支配着一切智力活动。

（4）想象力：人在已有形象的基础上，在大脑中创造出新形象的能力，是智力的引擎，是人类创新的源泉。

（5）记忆力：对客观事物进行识记、保持与提取重现的能力，是智慧之本。

这5种能力是相互促进、相互影响的。一个人的智商高低，可以从这5种能力做综合性的判断。

相关的研究表明：6岁以前的幼儿，智力水平发展速度较快，可开发性较强，应该抓住机会积极训练，强化这5种能力。这是提高智力的必然之路。饶舜涵全脑学习法就是根据不同年龄阶段的发育特征，抓住各个敏感期，全面地开发大脑的各项功能，发展这5种能力，从而从根本上促进孩子智力的发展，让每个孩子都能成为"最强大脑"！

孩子越早培养越优秀。培养孩子不能等，也等不起！让我们现在进一步了解和学习饶舜涵全脑学习法吧！

专注力：掌控心灵的唯一门户

全脑学习法的关键在于学习能力的提升。学习能力强表现在两个方面：高效和高速。而学习的高效与高速全在于专注力是否足够强大。

我们对涵涵专注力的训练是从一些简单的事情开始的。在这里，我需要做一些说明。针对孩子的一切训练都要本着简单易操作的原则进行，如果太复杂或者烦琐的话，不但孩子感到吃力，时间久了我们自己也会厌烦，甚至会丧失动力。

学龄前也有一些针对性的训练，不过强度和难度相对学龄后就简单多了。比如：

1. 速听训练

要求：认真听家长说句子，家长说完后让孩子一字不漏地重复出来。

训练内容：

我喜欢吃红烧肉。

我喜欢吃爸爸精心烹饪的红烧肉。

我喜欢吃爸爸精心烹饪的又香又嫩的红烧肉。

我喜欢吃爸爸精心烹饪的热乎乎的又香又嫩的红烧肉。

我喜欢吃爸爸精心烹饪的热乎乎的又香又嫩的吃了还想吃的红烧肉。

我喜欢吃爸爸精心烹饪的热乎乎的又香又嫩的吃了还想吃的永远都喜欢吃的红烧肉。

训练目的：训练孩子的听觉记忆广度和持续倾听能力。

2.图片记忆训练

要求：准备7种动物的图片，如兔子、狗、马、猴子、大象、长颈鹿、羊。然后，按一定顺序呈现给儿童看，每个图片一秒钟。然后让儿童说出，兔子和大象的图片出现过几次。如孩子完成不好，可重复一次。

训练目的：专注力训练、记忆频度训练。

3.动作记忆训练

要求：家长依次做下面4个手势，让孩子注意看，记住家长的动作顺序，家长做完后让孩子按顺序重做出来。

第一个动作：双手握拳。

第二个动作：双手伸出大拇指。

第三个动作：双手伸出中指和食指。

第四个动作：双手伸出小拇指。

训练目的：专注力训练、顺序识记训练。

4.数字记忆

要求：家长随意摆放4张数字卡片（宫格形式），给孩子10秒钟的记忆时间，打乱顺序，让孩子还原。4张卡片记忆无误，就逐步增加到6张、9张、12张。

如：4宫格

1	5
9	6

6宫格

8	4	6
0	3	9

9宫格

9	8	7
4	5	2
6	0	7

训练目的：瞬间成像记忆训练。

下面跟大家分享一下涵涵上小学后，我训练他专注力的一些方法。专注力的训练是从速听和速写这样需要精力高度集中的训练开始的。

1.速写训练

（1）3分钟速写练习

要求：计时3分钟，让孩子从1开始按顺序书写，看看孩子在规定时间内能够书写多少数字。

（2）听数写数

要求：家长连续报10组6位数，两次报数中间只能停顿1秒，如：257896、965843、796247、806215、967812、456213、600238、578214、402039、781569，看孩子书写的正确率。

2.速听训练

（1）读一篇文章或故事

要求：读一篇文章，要求孩子在听完故事后告诉家长故事里有几个"一"。

黄气球

有个黄色的气球，耸起肩膀往上一跳，他的那条小辫子就挣脱了那个小孩的手。他飘呀，飘呀，飘向了天空。

他飘到半山腰，一棵大松树伸出一只粗胳膊来，把他的小辫子拉住了，他再也飘不起来了。听说他要飞到天外去，松树说："你这么小，飞不到天外就会累死的。你就留在这里吧,做我的干儿子。"

"我才不做你的干儿子呢!我要做这座山上的大王。"

"哈哈!你的口气可真大啊!"松树对着黄气球笑起来说,"我得把山上所有的鸟啊,兔子啊,老虎啊,狮子啊,树啊,还有花啊,都叫来,问问他们,是不是同意你做大王。"

"我才不呢!"黄气球摇着头说,"我做我的大王,哪管他们愿意不愿意!"

"不行的!"松树也把头摇了一下,"他们是这里的主人,他们不答应,你就做不成大王,懂吗?"

黄气球点点头同意了,就在松树那里过夜了;山脚边有一个树林子,住着乌鸦一家。他们喜欢管闲事。

在夜色中,他们看见了黄气球,大家都惊奇地伸着脖子瞧,不知道这个黄黄的东西是什么。有的说是橘子,有的说是香瓜,也有的说那是个怪东西。

乌鸦妈妈喜欢冒险,想飞到山腰上去看个明白。她跟乌鸦爸爸说:"我飞到那边瞧一瞧,要是真的是个大橘子,就带回来让大家吃个饱,那多好啊!"

不一会儿,乌鸦妈妈就飞到山腰上了。这时候,松树已经睡着了,黄气球做起了美梦,他梦见自己真的做大王了,老虎、狮子都跑来拜他，野兔、松鼠那些小家伙更不用说了。他要娶一个世界上最漂亮的王后。他想，就叫菊花做王后吧。

乌鸦妈妈睁大眼睛瞧着，走近几步，一直走到黄气球身边，伸出尖尖的嘴巴，在黄气球身上用力啄了一下，只听"啪"的一声像枪响了一样，乌鸦妈妈吓得赶忙张开翅膀飞回家去了。可是没飞多远，她又掉转身去看。啊，黄气球不见了，只有一条又细又长的小辫子还紧紧地捏在松树的手里。她哈哈大笑，飞回去睡觉了。要是乌鸦妈妈知道了黄气球还要飞到天外去，还要做大王的消息，岂不笑破肚皮吗？

答案：故事《黄气球》中一共有13个"一"。

（2）速听词语

要求：家长读20组词语，孩子听到水果后举手。

电脑　沙发　老师　梨子　水杯

钥匙　钢笔　相片　葡萄　乌鸦

电灯　西瓜　水蜜桃　眼睛　枫叶

榴莲　柿子　护手霜　汽车　牙膏

（3）词语记忆

要求：家长随机出10个词语，孩子用故事串联法记住这10个词语。

3.图像训练

观察一幅图片。

要求：让孩子观察一幅图片，时间为1分钟，然后闭上眼睛回忆图中细节，家长提问。

提问：图中有几只小蜜蜂？熊博士坐在什么上面？熊博士手上拿的是什么？

4.记忆法训练

（1）学习数字编码00~20

要求：掌握00~20的数字编码，数字与编码互译的速度要求在40秒内完成。

12 02 16 11 03 20 09 15 17 06 19 （翻译出数字对应的编码）

三角凳 手套 葫芦 钥匙 香烟 石榴 仪器 （翻译出编码对应的数字）

（2）学习身体桩

要求：熟记身体桩。

头　　眼睛　鼻子　嘴巴　脖子

肩膀　胸膛　肚子　大腿　膝盖

小腿　脚

（3）编码挂桩练习

数字编码与对应的身体桩做串联记忆。

要求：数字编码与身体桩串联，要直接发生动作练习，抓住编码的特点，不可在串联中添加额外的事物。连接越简单直接越好。

5.学科知识记忆法

要求：孩子随堂带自己所学的课本，每次课前都预习没上过的课文，在课文的每个自然段中提取关键词，并做好关键词的故事串联记忆。通过对关键词的记忆，回忆整篇课文的内容。

我每天都固定拿出半个小时的时间和涵涵一起做这样的训练，内容不尽相同，但都是从速听和速写两方面展开的。当我报出数字，或读出一段文字的时候，涵涵一副全神贯注的样子。看到他认真的模样，我也不得不严肃对待。经过两周左右的训练，涵涵的专注力得到了很大的提升。

一个很有力的证明就是，在他学习珠心算的过程中，他虽然年龄最小、入班最晚，但成绩却很突出，这就得益于这些专注力的训练。

我记得，涵涵有次在训练班上表演，5分钟做一张关于加减法的卷子，他的周围站满了家长和四五岁的孩子。在5分钟时间内，他连头都不抬，眼睛一刻也没有离开过试卷。这次表演，他心无旁骛地做出了最好的成绩，这就是注意力高度集中的结果。

伟大的教育家蒙台梭利曾经说过一句经典的话："给孩子最好的学习方法就是让孩子聚精会神地去学习。"

当孩子还小的时候，注意力很难持久，他们的注意力会不停地从一件事转移到另一件事。然而，孩子一旦碰到吸引他们的事物，就会忘我地投入其中，并一再地重复训练，专注力的集中程度十分惊人。

通过这种看似毫无意义的重复练习——速听和速写，孩子的专注能力得到了锻炼和提高，对孩子智力的培养也起到了很大的作用。

在培养孩子专注力的过程中，需要注意一些问题。

首先，在孩子试图集中注意力的时候，我们不能去破坏。关于这一点我有过一次很深刻的体验。

有段时间涵涵迷上了一种拼图，这种拼图正面是一幅中国地图，背面是另一幅图，然后打散了再拼。他开始的时候很专心，一丝不苟，因此，拼得很慢。我看到他慢腾腾的样子心里着急，就忍不住去帮他。

结果我的"好心"严重干扰了涵涵，很多时候其实涵涵已经找到了正确的方法，可是一经我打断，马上又变得慌乱了。之后，涵涵跟我商量，让我在他玩拼图的时候不要去干扰他。

现在想想，我的做法非常不对。当孩子专注地玩的时候，就应该让他完整地做完他想做的事情，这样孩子才会有持久的专注能力。

孩子的专注力不是被培养出来的，而是被保护出来的。正如许多从事蒙台梭利教育实践的人士所说的那样：请保护孩子的专注力，让孩子从容地做完他想投入去做的一项"工作"。

其次，保护孩子的专注力，需要家长付出相当大的耐心。家长的耐心永远是孩子各项能力发展的保障。专注力的培养单纯靠孩子的自主能力无法形成或实现，需要父母耐心地去帮忙、去训练。凡事皆有方法。当你的孩子注意力不集中的时候，不是孩子本身的问题，而是你缺乏耐心和耐力。

培养孩子的专注力，最大的前提是家长自身必须先具备耐心和耐力，这也是要求我们跟孩子一起成长的意义所在。

观察力：有目的地去感知

观察力是专注力的延伸，它是以专注力为基础的。

涵涵拥有非常好的观察力。

有一次，我带涵涵去他姥姥家。因为我们经常回去，一切都是熟门熟路，与平时也没什么不同。

我们在客厅里聊天。涵涵姥姥说："小区最近开了一家超市，非常火爆，每天购物的人都排起了长队。"

我说："没怎么注意啊，我来得够频繁了，怎么一点也没察觉？"

这时候涵涵就说："我知道！开了大概有三个星期了，超市左边是个烟酒店，右边是个洗衣房，开业那天摆了好多花篮，放了好多鞭炮！"

当时我很诧异。

我几乎天天都会去我妈妈那里,也就说我天天都从新开的超市门口经过,却从未注意观察过。而涵涵坐在车里,对小区的新变化竟然非常清楚。

后来,我跟饶爸谈起这件事。他觉得是涵涵的专注力发挥了效应,他对新奇或新发生的事物能够专注,从而仔细观察,完成对大脑的输入。

引申一下,当孩子能对某个领域形成专注力的时候,他的观察力会因此爆发,会实现对新的环境和知识的输入,这些新的东西经过大脑编程后储存,用到的时候就会轻松地输出。

观察力最终会对智力的提升起到至关重要的作用。观察力是智力活动的源泉,是掌握知识、形成技能的必要条件。

观察力同时还是思维力的起点,它是重要的承接环节,是人类认识世界的主要途径之一。

对智力来说,"思维是核心,创造是目的,观察是入门",没有好的观察力,智力是不会很高的。但凡有所发明创造的智者,都是观察入微的人。

进化论的创始人达尔文说:"我既没有突出的理解力,也没有过人的机智,只是在观察那些稍纵即逝的事物并对其精细观察的能力上,我可以在众人之上。"

孩子具有天生的好奇心——他们能关注成人忽略或者习以为常的细节问题,对周遭世界的万事万物都抱有好奇:当他对某一事物产生浓厚的兴趣的时候,就是培养他们观察力的最好时机。

对于"不谙世事"的孩子而言,周围的世界到处都是令他好奇的对象,很容易引起他的关注。正所谓"在游泳中才能学会游泳",观察力的培养,也是一项实践性很强的工作,需要结合具体的观察行为进行。

比如,带孩子上街的时候,可以有意让孩子观察走过身边的某个人,然后问孩子"那个人穿什么衣服,戴不戴眼镜?""你觉得她漂亮吗,开心吗?"之类的问题,让孩子在观察中对人际交往产生兴趣。

亲子游戏也是培养孩子观察力的绝佳途径。

饶爸经常跟涵涵玩一种游戏——观察力比赛。

他们选择一处场景,比如说一个公园的小广场,然后划定一个范围,在这个范围内进行观察力比赛。

我记得有一次,他们在东湖边上的一个小广场上进行比赛,比赛的内容是对广场的鸽子以及围绕着鸽子的一些细节进行观察。

东湖水波荡漾、烟波浩渺,广场上的鸽子一会飞起,一会落下,一会又叽叽咕咕的抢夺人们撒在地上的食物。有时候有了声响,它们又扑棱棱地飞跑了。

饶爸选择了临路的一侧，坐在一个休息椅上；涵涵选择坐在临湖的一块岩石上。规定观察的时间是半个小时。他们要在半个小时的时间内，尽可能多地观察到更多的东西。

游戏规则有两条：一是观察尽可能多的内容，二是观察尽可能多的细节。

一般情况下我充当裁判。

他们爷俩对待游戏都很认真（这里需要说一下，就是大人总是以为陪孩子做游戏是很天真幼稚的活动，其实大错特错了，我们跟孩子一起成长，首要一条就是要像孩子一样，对待每个游戏都非常认真和投入），尤其是饶爸，完全是一副严阵以待的样子，这也让涵涵能够非常认真地进行游戏，一点也不会敷衍，更不会有为了游戏而游戏的不好心态。

半个小时的游戏时间并不长，可是我看到他们爷俩的状态，心里总是美滋滋的。我一拍手，宣布游戏结束。他们都过来，各自把自己所观察到的事物和细节在纸上一一呈现出来，让我做评判。

我会从他们的答案中获得许多有趣的发现。这也印证了全脑学习法的科学和实用。

比如说，饶爸所观察到的都是一些大略的东西，偶尔会有些灵光闪现，但总不会让人太惊奇。这说明成人的大脑发展已经定型，潜能完全被压抑住，纵然后天付出许多努力，也不会有太大的提高。

涵涵则恰恰相反。他所观察到的东西不但比爸爸丰富，而且许多细节性的内容如果不是他跟我解释一番，我们绝不会轻易发现。

拿一个细节来说。广场上的鸽子无论是聚群还是单个行动，当它们不动的时候，一般都会背对着湖面。当时东湖水波兴起，浪花拍岸。这说明鸽子也喜欢向阳，而不喜风。

涵涵在他那张纸上，就画着一只鸟、一个堤岸，鸟站在堤岸上，背对着湖面。虽然勾勒的很潦草，并不像一幅绘画作品，但是从观察力来讲，还是要胜过饶爸一筹。

饶爸的记录也有可圈可点之处，但是毕竟有些程式化。

这样的游戏会经常举行，地点和场景不断变换，公园、博物馆、野外营地、风景名胜区……只要条件允许，比赛随时开始。

培养孩子的观察力最忌讳宅在家里，而是应该投入大自然的怀抱，亲近大自然，观察大自然，在大自然中收获意想不到的观察效果。

通过观察力游戏，还可以总结出培养孩子观察力的科学逻辑路径：提前设置问题——带着问题去进行观察——产生观察的兴趣——在观察中发现问题——产生再观察的意愿——进行再观察——问题得到解决。

Part 3 全脑学习法：塑造孩子的完美素质

采摘季，我陪同涵涵体验大自然的美妙，摘橘子、挖红薯、搭帐篷，自己动手感受乐趣

在这个逻辑路径中，孩子是主动的探索者、研究者和发现者，是知识经验的主动构建者，而父母则是孩子探究活动的支持者和引导者。

当孩子通过观察提出问题，而父母不知道答案或者无法用孩子听得懂的话来回答时，千万不能回避，否则几次消极的反馈后，孩子观察的兴趣就会逐渐降低。

正确的方法是和孩子一起沿着观察力逻辑路径去踏实地实践，一起搜集资料，一起观察，让孩子感到父母是他最重要的支持者。

思维力：培养智力的核心

思维力的培养核心在于思维导图的构建。

我们每天都会跟涵涵做一项训练：思维发散训练。训练其实很简单，就是用一个词语做发散型思维接龙游戏。

比如饶爸起头说手机。

我会接苹果。

涵涵会接乔布斯。

饶爸接着说富豪。

我会说游艇。

涵涵再接度假。

饶爸又说迪拜。

我会说哈利法塔。

涵涵再说穆斯林。

饶爸说伊斯兰国IS。

……

简单来说，这项训练就是由一个词想到另外一个词，两个词之间要有联系。后面的词，和最前面的词越没联系，说明发散型思维越好。

这样无尽发散想象下去，没有尽头，没有限制，最后都不知道会发散到哪里去，这对思维力是个很好的锻炼。

还有一种方法，叫图像导入思维。

比如一首诗歌，如果死记硬背，可能也能背下来，但是比较费劲，而且不能持久，但如果把诗歌图像化，按照一定的思维逻辑去记忆，那么就会永久不忘。

我们以这首诗为例：

京口瓜洲一水间，

钟山只隔数重山。

春风又绿江南岸，

明月何时照我还？

再比如:

西塞山前白鹭飞,

桃花流水鳜鱼肥。

青箬笠,绿蓑衣,

斜风细雨不须归。

将文字的东西形象化,可以加强记忆。

不光文字,一切东西都可以通过思维力来实现图像化。图像导入思维简单来理解,就是这个意思。图像导入思维是一个过程,就好比将一篇文章分清主次，找出主题，然后提取关键词，最后脑像出图。

上面两首诗完全就是按照这个逻辑来实现记忆的。如果大脑里始终存着这样两幅图，无论何时何地，只要想提取，就能很从容地把这两首诗词背诵出来。

其实，思维力是运用思维的一种能力，那么什么是思维呢？思维在孩子身上有哪些发展阶段呢？

思维是人的高级认识活动。通过思维，人们可以认识感知所不能直接反映的事物，透过现象看本质，掌握事物之间的规律性联系，并能够借助眼前事物了解其他事物，间接地预见和推理事物的发展。

孩子思维的发展分为三个阶段：动作思维阶段、具体形象思维阶段和抽象逻辑思维阶段。

孩子从生下来到3岁左右，动作思维占据主导，这时是通过动作、模仿、触摸等方式建立自己的思维力。

孩子刚生出的来这段时间，大多数动作都是无意识的，没有章法，没有目的，只有不断地重复。在不断的操作过程中，孩子逐渐了解了动作与结果之间的关系。

涵涵1岁的时候，对家里阳台上那盆花产生了兴趣，一有机会他就会去够那盆花，却拿不到，于是他就拍打婴儿车的边缘，乱扯我给他围在脖子上的围嘴。

我经常看《动物世界》，感觉处于动作思维这个阶段的孩子跟许多动物的表现都没什么两样，尤其是那些智商高的灵长类动物，简直是一模一样的。小猩猩刚出生的时候，也会对某种事物发生兴趣，然后努力去触碰，希望获得一些感知。

又比如，3岁的孩子拍球时，开始是乱拍，不了解自己的动作与球的弹跳之间的关系。经过学习和训练，他逐渐理解了其中的关系，学会了正确的拍球动作。

在这一时期，孩子的动作训练对其思维的发展有着至关重要的作用。家长可以让孩子通过爬行、滚翻、蹦跳、捏橡皮泥、摆积木等活动，促进思维的发展。

3~6岁这个阶段，具象思维占据主导。

涵涵4岁的时候，我让他辨别两个杯子的大小。这两个杯子都是250毫升的，但是形状不一样，一个是圆柱体，一个是圆台。涵涵把这两个杯子看了又看，瞧了又瞧，憨憨的表情说明他分辨不出大小来。

可见，这个年龄段的孩子对具象的东西很敏感，能够从物体的平面与立体的层面来观察。这是他们学习归纳与总结的开始。这一阶段，他们的好奇心大增，对什么东西都要问个为什么，这往往让家长疲于应对，甚至想逃避。

其实，父母不应该逃避，而是应该跟孩子一起玩拆装玩具或堆积木的游戏，让孩子从具体的事物中学会归纳和抽象。家长还应利用孩子的好奇心，经常向他们提出各种问题，引导他们去观察各种事物和现象。

孩子到了6~11岁，抽象思维开始形成。抽象思维的重要性不言而喻，因此这个阶段也是孩子一生当中很关键的时期，也是全脑学习法的关键时期。

这个阶段是介入全脑学习法的最佳时期，因为孩子的思维力正好处于承先启后的关键环节。在孩子初步形成了专注力和观察力之后，经过思维力的逻辑安排和脑像出图，经过想象力的加工，最后通过记忆力做强大输出，形成全脑学习法的完美曲线。

想象力：锻造智力的引擎

在《最强大脑》节目中，涵涵在短时间内记住100件玩具的价格，并且快速计算出随机挑出的30件玩具的总价。他在接受媒体采访时就说，他主要是靠想象记忆的，比如看到50，就想象成是武林盟主，他的模样、穿着、动作，都会出现在脑海里，这样大脑中就成了一幅幅的图像，自然记得很清楚。

涵涵之所以能够做到这样，就因为他有发达的想象力。

想象力并非天生就有的，而是需要从小锻炼。想象力是建立在专注力、观察力、思维力基础之上的，因此需要联动训练，不能单从想象力一方面入手。

下面是我在涵涵上幼儿园之前，对他进行训练的一些试题。

1.词语故事串联记忆

要求：给出10个名词，如世界杯、果汁、电风扇、猫、锤子、帆船、和尚、皮带、手机、玉米。让孩子用故事串联法在1分30秒的时间内记住10个名词，并给家长讲述他们的奇幻小故事，故事要有情节，夸张生动，两个词语的连接要简单直接，不可添加与词语无关的其他事物。

2.00~99数字编码的读、连、记

要求：看数字说出对应的编码，如：看到"98"孩子要马上说出"球拍"。孩子应在1分30秒内对40个数字进行编码，并读出。

这样的训练每天都坚持进行，风雨无阻，就算是大年三十看春节联欢晚会之前也得练习一下。这项练习，只需几分钟的时间，但效果的确是非常好。

等涵涵上了幼儿园，我就换了一种训练方法。我经常跟他玩一种叫作"像什么"的游戏。

游戏方法是：让孩子面对一面没有过多视觉刺激的墙。爸爸妈妈手里拿着图画卡片或积木等，从宝宝的左耳后方进入他的左眼视野。然后问宝宝："你看这个像什么呀?"让他运用自己丰富的想象来回答问题。注意：一定不要问"这是什么?"这样的问题很容易得到单一答案，禁锢孩子的想象。

这个游戏适合与刚上幼儿园的孩子一起玩。想象力训练可以给右脑细胞更多的刺激。只要孩子不厌烦，就可以经常和他玩充满想象力的游戏。如：在晴朗的天气里，爸爸妈妈可以和孩子躺在草地上观察天上的云朵，启发他将不同形状的云朵看成动物、仙女、天使等。千万不要小看宝宝充满好奇的探究活动，或是傻气十足的"胡思乱想"，因为孩子此时正处在创造能力的萌芽阶段。做这些游戏的目的就是激发想象力，使孩子形成大脑成像的路径。

什么是想象力？所谓想象力，就是指对头脑中已有的表象进行加工改造，创造出新形象的过程。这里的表象指的是外界事物在头脑中储存的形式。

外界事物通过感觉器官进入大脑，最初会在大脑中形成一个事物形象。当这个事物不在眼前时，这个形象仍旧会留在人脑中。而且，在这些已有的形象的基础上，人脑还会加工改造这些形象，从而构成新的事物。

这一过程，就是想象。

然而，一个沉痛的事实就是，孩子的想象力很多时候正在遭受家长们以爱的名义进行的无情的扼杀。一个最明显的表现就是，面对问题，孩子逐渐学会了寻找标准化的答案——一种非常"正确"，同时也无比单一的回答。而这一趋势随着孩子年龄的增大而愈加明显。

是孩子的学习能力提升了，还是孩子的思维已被束缚？爱因斯坦说过："想象力比知识更重要，因为知识是有限的，而想象力概括着世界上的一切，推动着进步，并且是知识进化的源泉。"

是谁扼杀了孩子的想象力？

在现实中，有两把屠刀最终扼杀了孩子的想象力。一个是我们都曾经为之努力过的"标准答案"，一个是一辈一辈往下传的"定性思维"。

有一个非常耐人寻味的故事。老师问："雪化了是什么？"答案显然是水。可是老师在后来的阅卷中发现，有一个孩子别出心裁地给了另外一个答案："雪化了是春天。"这个孩子的答案不但有想象力，还有很好的意境。然而，这个别出心裁的答案被打上了一个鲜红的"×"，至于原因——它不是标准答案！

这就是定性思维在作祟——过于讲求实用，过于强调非此即彼。长此以往，孩子的思维也就格式化了。

在日常生活中，我会随时随地对涵涵进行想象力的训练。

一次，中央电视台正播出一个推介城市旅游的广告，其中有一句广告语是："大美青海！"

那天正吃午饭，电视上又播这个广告，我就顺嘴说："涵涵，我带你到图书馆里看过地图，你能简单说几句青海的大美吗？"

涵涵歪起了头，略微想了一会，说："绿油油的草地像地毯一样向天边铺展，星星点点的牦牛，在风中荡漾的油菜花……"

没等他说完，我就上去亲了一口，感叹他那小脑壳里怎么能想象出如此美轮美奂的景致！

冬天涵涵喜欢趴在石头上晒太阳，幻想着石头里到底有没有石猴

夏天涵涵喜欢在河边捞小鱼小虾，观察小动物

当涵涵阅读了不少文学作品之后，我会让他尝试着张开想象力的翅膀去创作。

有一次，我们几个家庭带孩子去宁河山游玩。临别时，小朋友们都依依惜别，我就鼓励涵涵说："你面对此情此景，何不即兴创作一首呢？"

涵涵又歪起了头，沉思了一会儿，就念出了一首诗：

晴光日照风火天，

白日芳草夜无眠。

前方征道无知己，

大风大雨情泪急。

这时，他只有8岁。后来，我们带他到杭州玩，先是游览了西湖，然后又到雷峰塔去。面对美景和古迹，涵涵不由自主地就作了一首诗：

雷峰塔上分天地，

山坡江河急急流。

盘古开天天地分，

尸体化成山河柳。

在这里，我并不是夸耀涵涵的诗写得多么好，而是想说，涵涵是个非常有想象力的孩子，我们对他的想象力的训练也是得法的。

记忆力：巩固智力的根本

记忆力是前边四力的合成和升华。具备了前面四种能力，孩子才可能获得强大的记忆力。

同样的，在记忆力的训练上，也存在着科学的方法。下面跟亲爱的读者分享一些记忆方法，这些方法运用在涵涵身上，都非常有效果。

1.数字定桩法

以记忆三十六计为例。很多人都熟知三十六计，但是往往只能答出"走为上计"，似乎"三十六计"就剩下最经典的最后一计"走为上计"，但其实前面的三十五计更加精彩。要记忆这些内容，首先要建立一种意识：凡事皆有方法，行军打仗讲究策略方法，记忆背诵同样也讲究方法。

三十六计除了要记住每一计的内容，还要记住每一计的序号，所以记三十六计时，数字定桩法是最佳的记忆方法。所谓数字定桩法，就是把数字作为桩子来帮助记忆。大家可能会好奇数字怎么作为桩子，因为数字本来就是很抽象的。我们以三十六计中的"借刀杀人计"来体会一下数字桩的具体用法及其奥妙之处。

说起借刀杀人，大家都不陌生。历史上就有很多鲜活的例子。话说明朝末年有一员虎将，叫袁崇焕。他镇守边关，多次重创努尔哈赤父子所率领的大军。可以说，他成为清军入关最棘手的敌人。皇太极利用多疑的崇祯帝和贪财的大臣造谣诬陷，最终借崇祯帝的刀杀了袁崇焕。其实借刀杀人这个词很多人都已知晓，我们记忆的重点在于如何将它和对应的数字紧紧地连在一起。因为数字是抽象的，所以记忆的第一步就是将数字转化成具体的形象。这就要借用数字编码了。所谓数字编码就是把数字给它固定编码成对应的图像。比如3，它对应的编码就是耳朵。可能有人感到疑惑，这是怎么来的呢？3的外形是不是与我们的耳朵相似呢？因此，"借刀杀人"可直译，无须做太多转化。我们要做的就是将"耳朵"和"借刀杀人"相连接，这就需要用到想象力了。大家想想耳朵上面一般会有什么？耳环对吗？现在再想，假如有一个人，她的耳朵上戴的不是耳环，而是一把飞刀，她的耳朵一甩，飞刀飞出刺中了一个人，结果怎么样，读者可以自己想象了！

2.关键字串联法

我们以记忆二十四节气为例。

二十四节气为：立春、雨水、惊蛰、春分、清明、谷雨；立夏、小满、芒种、夏至、小暑、大暑；立秋、处暑、白露、秋分、寒露、霜降；立冬、小雪、大雪、冬至、小寒、大寒。

要记忆这样的信息，第一步不是着急记忆，而是要先分析。可以看到，"立春、立夏、立秋、立冬"代表各个季节的来临，然后每个季节的中间时间点为"春分、夏至、秋分、冬至"，这也几乎不用记，这么一分析，真正需要记的可能就只有十六个节气。它们分别是：

雨水 惊蛰 清明 谷雨　　　小满 芒种 小暑 大暑

处暑 白露 寒露 霜降　　　小雪 大雪 小寒 大寒

这时候，就可以使用关键字串联法把这十六个节气串联记忆下来，当然串记也是讲究方法的，选择什么样的字串起来通顺连贯，这一点很重要。比如"雨水、惊蛰、清明、谷雨"这四个，"惊蛰"会用"惊"字，因为这是一个常见字，又能作为动词和形容词，容易和别的词联系起来。"清明"和"谷雨"的第一个字组合在一起正好组成了"清谷"，让人能想到一个山谷这类画面。"小满"的谐音容易让人想到人名，而"芒种"中有个"种"子，后面又是"小暑""大暑"，通过谐音，再根据前面一个词有"种"字，这里就容易想到"小树""大树"，这样就很容易把四个词串在了一起。后面"处暑、白露、寒露、霜降、小雪、大雪、小寒、大寒"，再分析，就会发现这是天气越来越冷，层层递进的一个变化，因此这十六个节气可以想成：

"雨水惊动（惊蛰）了清谷，小曼（小满）忙着种（芒种）小树大树，树（处暑）上出现了白色（白露）的寒（寒露）霜（霜降），不久下起了小雪大雪，迎来小寒大寒"。根据这段描述，脑海里可以涌现出一幅美丽的画面，记忆效果就会更好！

像这种关键字串联法要注意"选字"的合理性，选出来的关键字要适合上下文的连接。一般来说，前后词中提取出来的关键字能组合成一个词语这是最佳的。如果不行，那么可以选择一些常见的字来组合。比如"大连、秦皇岛、天津"这三个城市放在一起，抽取出来的关键字可能就是"大晴天"。如果实在组合不成一个词语，那么就要保证连出来的句子语义是连贯的、清晰的、易理解的，不然关键字组合在一起后还是无法理解，那就失去了串联法的意义。

记忆方法有许多种，总有一种适合孩子，但前提是要进行大量的练习。没有付出艰辛和努力，再好的方法也没有效果。

全脑学习法的精髓在于专注力、观察力、思维力、想象力和记忆力等五力的培养，而五力的培养最大的根基在于输入——各种知识的输入，无条件的海量输入。

读一本书叫输入，抄一段文字叫输入，路过一处招牌叫输入，到一个地方旅游叫输入，看电视和电影是输入，听评书和广播是输入，与人交流是输入，和朋友唱歌也是输入……输入是没有限制的，天文、地理、人文无所不包，兼收并蓄。输入的目的是在大脑里进行足够的储备和积累，等到用的时候才可以随意提取。

输入的目的是输出。输出是什么呢？输出本质上是把输入的内容在一定的相关性的联系下变成跟记忆有关的东西，释放巨大的记忆再现功能。说通俗点，输出就是在输入的基础上实现内容的图像化处理。

经过大量的输入后，当触及记忆点时，头脑中就会浮现出一幅图像，这就是输出。输出是五种能力的高度浓缩和体现。

全脑学习法就是在头脑中完成从输入到输出的这一系列环节的过程。

涵涵参加《最强大脑》时，别看他在台上轻松地报出了玩具的价格和最后的总价，速度和精度都没得说，但我们在台下还是捏了把汗。孩子的大脑能够飞速地运转，这一切都得益于强大的输入和输出能力。

Part 4

输入与输出：全脑学习法的根基和保障

语言输入必须读出声来
为什么让孩子诵读经典
亲子旅行：在行走中让孩子独立、自由、奔放
自律和强大意志为各种输入提供精神护航
打铁还要自身硬

语言输入必须读出声来

语言能力的获得是有其自身规律可言的。这个规律就是听、说、读、写之间的内在联系，听和说是基础，听和说的能力培养好了，读和写就水到渠成了。

听是说的基础，即由听到说。只有听多了，才有足够的"入耳量"，才会有"出口量"。为什么聋和哑总是联系在一起呢？这是因为耳朵不好，听不见，才导致语言上存在障碍，而并不是声带出了问题。

"口头为语，书面为文"，写作是在口语基础上产生并发展的，口语对写作起着决定性的作用。要想提高写作能力，首先敢说、会说，培养出色的口头表达能力。

关于文字阅读，语言学家保罗·皮姆斯勒曾这样说过："阅读的定义是按说出的语言的声音规律进行图像材料的解码，而这种语言在阅读开始之前就应该已经掌握了。简而言之，含义是存在于说的语言的声音里面的。掌握一种语言阅读能力的前提，是必须先能说一种语言。"

涵涵从4岁开始诵读国学经典，我们每天让他跟读一遍，诵读一遍，基本上是每两个月他就能掌握一部经典。他每天都主动地要求诵读、学习。每次读完以后，他会去看相关的历史典故和故事，我们也会特意找出一些故事让他看，所以他对中国历史非常熟悉。

以《弟子规》来说明。

《弟子规》原名《训蒙文》，是中国传统的启蒙教材之一，作者是清朝康熙年间的教书先生李毓秀。是一本介绍做人的规矩及学习方法的书，一共一千多字；形式上主要是三字一句，易学易记。

我跟饶爸每天轮流着带涵涵朗读《弟子规》。其实，也不需要多长时间，十几分钟即可，但要每天都坚持去做。

涵涵能够运用记忆法很快地背诵《弟子规》的全文，在我们的帮助下，他不断进行《弟子规》的输入，没用多久他就把《弟子规》记得滚瓜烂熟了。

这期间，还发生了一件趣事。

有一天，我的小姨，也就是涵涵的姨姥姥跟他聊天，说自己比较烦，因为给女儿打电话，她没接。

涵涵就说："如果她是工作忙，没接电话，那你就不能怪她；如果她故意不接，那就是她的错，你要跟她说：父母呼，应勿缓。"

这句话是涵涵随口说出的，并没有思索或搜索脑海里的知识，可见输入的效果是非常好的。

除了《弟子规》外，饶爸还会带着他读诗，《唐诗三百首》《宋词三百首》，每天一首，父子俩摇头晃脑读上几遍，一年下来，涵涵的诗词底蕴就变得令人刮目相看了。

像我们这个年代的父母，大家肯定都会有这样的记忆：每天中午回家吃午饭的时候，边吃饭，边听评书。听单田芳、田连元、刘兰芳、袁阔成……听《隋唐英雄传》《七侠五义》《三国演义》……

我从涵涵上一年级开始，就把听评书的传统移到了家里的晚餐当中，听的内容也比我们那个年代丰富多了，有童话故事、历史典故、散文、评书。

我的手机里存有唐诗宋词、英语日常口语对话、经典童话故事和中华上下五千年故事等音频，每天早上起床，我都会不固定地放这些音频给涵涵听，也并没有刻意地要求他必须认真听，或者听什么，每天就是随机地播放。

涵涵听了一段时间以后，听过的内容大部分都能够记住。尤其是唐诗宋词，他能背出四五十首，而且还能够非常有感情地朗诵出来。所以，在班上有表演的时候，他的老师总是让他表演朗诵《将进酒》《满江红》《赤壁》等古诗文佳作。

正是有了这么多的输入，涵涵对诗词才有兴趣，并且能自己写诗作赋。他在网络现场直播的节目《我有最强大脑》中，仅用了3分钟的时间就现场作诗一首：

王军行，今少何，不见君王马清和。

帝成语，文成在，公圣清河马玄龙。

秦破山河文何在，季风季雨马红乔。

不忍不受情不穷，马停高高长和久。

不见君王多少世，马空金斗。

飞空成月，帝圣帝老闻何久。

下面分享一下涵涵的一些诗作。这些诗出自一个不满十岁的现代小孩之手，着实不容易，就连一些作家看后都赞不绝口。

《元夕·青山亮》

青山绿水欢快流，

路上行人笑哈哈。

元夕除夕欢乐喜，

人民欢乐祖国好。

《山江月》（一）

笑里藏刀冰悦杀，

沙场千里走单骑。

山江月亭明天亮，

草原无人君主笑。

《山江月》（二）

苍海无人月孤间，

忽闻马蹄过耳边。

王师未达中原北，

恨我苍老不去前。

《天明山》

天明海边金闪闪，

天明山上有天明。

银光闪闪金光乐，

笑里藏刀八百里。

《兰亭火》

风吹雨打兰亭火,

兰亭山上有人家。

兰亭火焰雄雄烧,

皇帝宝位谁能坐?

《将军行·其二》

大漠长河万里山,

轻轮不度玉门关。

王师无记下辕门,

力拔回首今国魂。

《将军行·其三》

龙文空把天江门,

中断玉魂江若人。

力国天积无月平,

遥望关前欲永零。

《二京赋》

天下大事，合久必分，分久必合。

天下谁王，君主不定，由国而定。

国家未主，昏庸无能，攻进都城，国家灭亡。

古乃将相之和，用命已归，乃之新。

军将事局已定，天下平定。

隆万里之交，敬求之民。

军应有文礼，如天子之圣知，若王可，军莫，若王莫，军可。

《圣皇》

皇中王龙道，

圣明天归浩。

紫禁封尘记，

功过由人议。

　　这样的古体诗虽然细节上还欠火候，但有老先生评价章法遣词造句颇显功底。如果没有强大的输入，怎么会有这么美的输出？

　　最初的孩子就像一张白纸，只有我们帮助他做大量的输入，到将来需要的时候，他才能运转大脑，脱口而出，不假思索地输出。

为什么让孩子诵读经典

很多古装电视剧经常有这样的场景：在私塾里，几个稚嫩的孩子摇头晃脑地念着："人之初，性本善。性相近，习相远。苟不教，性乃迁。教之道，贵以专……"这就是典型的经典诵读的场面。

由于历史的原因，中华文化的经典诵读场景曾经被无情地终止，学子们沉浸在数理化的题海里，或者英语字母中，忘记了我们国家还有许多非常经典优秀的典藏文献。

幸好现在经典诵读活动已经在全社会得到广泛认可。越来越多的孩子加入到诵读经典的行列，用古老而优美的文字滋养自己的心灵。

诵读经典的好处是显而易见的，不但能够传承优秀的传统文化和文明，还可以让孩子在短时间内输入更优秀、更精粹的东西。

让孩子在记忆力强的时候把一些经典的东西储存到脑子里，先"厚积"而后"薄发"，才能融会贯通、触类旁通。

同时，诵读在完善孩子的性格，锻炼阅读、朗诵、口头和书面表达能力等各方面，具有很重要的作用，能够最大限度地调动和开发孩子的潜能。

经典的范围涵盖非常广泛。中华文化源远流长，历史长河中珠玉迸溅，《论语》《诗经》《庄子》《唐诗》《宋词》《三字经》《千字文》《弟子规》这些都堪称经典，值得认真学习体会。

除了这些，还有一些神话、童话、寓言故事，都可以去读。例如《拇指姑娘》《卖火柴的小女孩》《海的女儿》都是经典中的经典，曾润泽了全世界无数人的心田。诵读童话，可以丰富孩子的想象力，培养孩子对弱者的同情和对人间真善美的追求。

当然，我们不仅要读古代的经典著作，还要阅读近现代的许多优秀作品，比如朱自清的散文，海子、金子美玲等人的诗歌……

这些优美的语言串成精彩的片段，也许对幼小的孩子来说，理解起来还有些困难，但它们会像种子一样埋在孩子心底，总有一天，它会吸足养分，在阳光的沐浴下开出幸福的花来……

我曾带着涵涵读过一段时间的《大学》，对于书中究竟讲了些什么，说实话我理解得也不是很透彻，但这本书有一点非常好，那就是诵读起来朗朗上口。

当时想着读过去也就算了，因为像《大学》这样的经典很多，如《论语》《中庸》《老子》什么的，阅读这些书籍，目的就是找找诵读的感觉，为涵涵以后的学习打点基础。

谁知道功夫没有白费，涵涵在天天的诵读经典活动中获益匪浅，竟然能够模仿《论语》《大学》里的文字，写一些句子出来，比如：

《复语》

子依曰："关中必无其正，与臣之没，与人之享，复得之。"

子浩曰："文抑之志，心求意得，礼之为道。"

子文曰："明之天下，心所得之，物人之。"

子全曰："意贡者之曰，好以得之。"

子归问子元曰："夫之子名曰？"子元曰："因夫子劳其心骨之曰。"

子少曰："意言于色，于民用乎，由人传乎。"

子宗曰："文义之理，可忆楚之，无故有之明命。"

子军问于子义曰："夫子为何义言行道之和。"子义曰："因夫子为人和之道。"

子光曰："抑抑之志，力行无芒，文礼为曰。"

子鸿曰："和礼不平，回无常师，故成抑之。"

子成曰："为人交，止于诚，为人谈，止于敬。"

子欲问于子少曰："抑抑于色，可孝之也？抑抑于敬，可寿之也？"子少曰："是也。"

子明曰："文礼传，得天下，文礼孝，得官上。"

《立天国》（一礼）

国则无礼，则视立之。天无意，礼则国，国而志礼，礼而志国。志，可平天下者也，而不可平无礼者也。道，可平善者也，而不可平利者也。经，可平仁者也，而不可平克者也。

《立天国》（二乐）

立国必知乐，不知乐，则不为主，知乐者，则圣明之主。乐，则于礼，礼，则于乐，乃国，则乃乐，乃乐，则乃礼，不知礼，则知乐者，而相者，不知乎，而知礼者，则主者。

我将这些文字拿给许多内行人看，他们都忍不住赞叹，说涵涵的古文功底深厚。这当然得益于平日的诵读经典活动。

我们现在已经形成了一个很好的习惯，每晚7点都跟涵涵相约读经典，一次大概半个小时。开始是我带着他读，我读一句，他跟读一句，后来我陪着他读。每天《新闻联播》开始的时候，我们家就会传出朗朗的读书声。

时间一长,一个好的模式就出现了——没有说教和训斥,涵涵每天坚持诵读经典,我们的"读"是示范,是身教,孩子自然会模仿!

所谓"亲子共读"不正是如此吗?诵读时还可以变着花样,让孩子当我们的老师,让他领着我们读,总之要"快乐诵读",乐在其中。

罗马不是一天建起来的,所谓集腋成裘、积沙成塔,也是这个意思。

在经典诵读的路上,孩子们在慢慢地变化着,总有一天,我们可以在孩子身上看到令人惊喜的变化。这不仅仅表现在孩子学习成绩的提高上,更重要的是,能为他们一生的发展奠定良好的基础。

其实,不光是诵读经典要坚持,我们还要把阅读培养成为孩子一生的习惯。

我接触过许许多多的家长,都说要等到孩子识字了,再帮助他养成阅读的好习惯。其实,这种想法是不对的,阅读可以很早就开始,不必非得等到孩子有了识字能力,到那时候恐怕已经晚了。

我记得涵涵出生后没多久,我就订阅了口碑不错的《米老鼠》。画报内容很少,我担心不积攒一些,杂志更新的速度赶不上我们阅读的速度。《米老鼠》每期的主题故事都比较精彩,儿歌和亲子游戏都有。从那个时候起,我就自然地给孩子念儿歌、带孩子做游戏。

当涵涵慢慢长大，他对书的反应不是丢开，而是去撕。老人们都说他，我告诉他们，不要批评涵涵，他还太小，还不会翻动书页，手部动作的控制和协调能力太弱，他并不是不爱惜书籍，大家不必担心涵涵从此养成不爱惜书籍的坏习惯。

涵涵2岁左右，开始对颜色和图形显示出较强的感知能力，我便开始给他讲一本关于颜色和形状的漫画书。书中列举的各种几何图形，涵涵只需看一遍、听一遍就能牢牢记住，以后在生活中还会主动运用："这个鸡蛋是椭圆的。"

当涵涵能轻松地翻动书页之后，撕书的现象就慢慢消失了。到了涵涵3岁的时候，我开始购入大量适合他的年龄阅读的书籍。我想起了我的童年时代，几乎是读着小人书和武侠书度过的，几乎没读过几则童话。当时可选择的余地也不是很多。现在不同了，图书种类繁多。于是，我和涵涵就像书虫一样，徜徉于各种绘本之中，乐此不疲。

等涵涵上幼儿园大班的时候，他开始摆脱我给他供书的模式——尝试着读我给他准备好的书，而是主动地让我给他买一些他想读的书。于是，我带他去书店，让他自己挑。看着他在书店里聚精会神挑书的样子，我特别欣慰。世界上没有任何一件事比自己的孩子爱读书更美好了。

后来，涵涵上了小学，我开始鼓励他进行创作。我尝试着给孩子自由的生活空间，只有这样，他才可能写出好的作文。一直在课外辅导班里度过的孩子，感受不到春天的小草与花朵的美丽，夏天的炎热与雨的清爽，秋天的金色果实和丰收喜悦，冬天的寒冷与白雪的诗意。

最后，还要给孩子以适当的引导。我记得有一天，我有意无意地背诵了一段初中课本中文字，取自蒲松龄的《狼》："一屠晚归，担中肉尽，止有剩骨，途中两狼……"

涵涵听见了，很高兴，便问东问西，我就又给她背了《两小儿辩日》，涵涵一下子来了兴趣，回家就让我上网把这两篇古文下载下来，他自己加注音，一点一点地就读起来了。

我忽然意识到这是让他接触文言文的好时机，我就跟他一起读文言文，涵涵很奇怪：古人为什么能把那么复杂的事情用两句话就说明白了？因此，他的兴趣大增。

有一次，他跟同学秋游回来，对我说："跟我们一起出去玩的老师有短而肥者，瘦而髯者，美姿容者……"看着他那摇头晃脑的样子，我们一个个都乐了。

阅读的好处无法用言辞形容。而且，阅读对人的影响是长期的、日积月累的、潜移默化的，是伴随人一生的。更重要的是，阅读影响的是一个人素质中最基本、最核心的东西，即人生观、道德观和价值观，以及人的审美观。

Part 4 输入与输出：
全脑学习法的根基和保障

阅读，构成了涵涵生活的一部分，我们也在阅读中陪伴着涵涵长大

儿童心理学实验研究表明，儿童时期是培养阅读能力的最佳时期。因此，父母应该重视孩子阅读潜能的开发，用正确科学的方式来引导孩子阅读，让孩子善于阅读，乐于阅读，勤于阅读。

阅读给人心灵上的启迪也是无法估量和替代的。阅读既是一个了解世界和思考世界的过程，又是一个人心灵自我观照的过程，即通过阅读来反思自我、提升自我，从而养成内省和深思的习惯，这对一个人的精神成长至关重要。

通过阅读，还可以把孩子引入一个神奇、美妙的世界，使他们的生活更加丰富多彩、乐趣无穷。同时，还可以使孩子从书中获得人生的经验。因为人生短暂，不可能事事都去亲身体验，书中的间接经验，将有效地补充个人经历的不足，增添生活的感受。

有人说过：一个人精神发育史实质上就是一个人的阅读史。通过阅读可以完善人性，提升修养，丰富生活，愉悦身心。

让孩子养成良好的阅读习惯，对于孩子人格的养成，以及精神世界和人文素养的构建，都有难以取代的作用。

亲子旅行：在行走中让孩子独立、自由、奔放

我先谈谈为什么要带孩子去旅行。

有的家长不愿意带孩子去旅行，原因可以写满一张纸，比如，孩子太小什么都记不住，去了也白去，浪费金钱和精力，小孩子出去爱生病，在人生地不熟的地方不安全，吃不习惯、玩不好，大人还要照顾孩子，陪孩子太累，玩得不尽兴……

这些所谓的理由不值得一驳。其实，在孩子成长的过程中，语文、数学、英语等知识，钢琴、美术、体操等技能，这些是硬功夫；性格、情操、眼界、心理等则是软实力。就像一台电脑，硬件固然重要，但核心竞争力其实是软件。

软实力，是最重要、最核心、最能影响发展、最能营造幸福人生的关键因素，这些关键因素在旅行中都能得到锻炼。

涵涵9岁时游西安大雁塔,感受13朝古都深厚历史文化

涵涵2岁时登上木兰天池,第一次爬山时不用家长抱和牵,全程靠自己

涵涵4岁时爬武当山、学太极,历时5个小时从光明顶下山,学会坚持

旅行可以锻炼孩子适应陌生环境的能力，使其不至于因为害怕陌生的环境，对于任何事情都有畏惧的心理，而丧失了改变人生的勇气；旅行可以让孩子更坚强，更会处理困难，变得更成熟；而且，旅行是提升家庭凝聚力的最好时机。平时我们工作忙，应酬多，没有时间陪家人和孩子。而现在有了一段完整的和家人在一起的时光，没有工作的牵绊，这是多么甜蜜和惬意的事情……旅行的好处说不完，而现实中，家长常常因为自己怕麻烦，而禁锢了孩子向外界拓展的步伐。

旅行可以帮助孩子构建多元的三观——价值观、世界观和人生观。

让孩子构建多元的价值观、世界观和人生观，一是要多读书，二就是要多旅行，读万卷书，行万里路，舍此无他。

对于孩子来讲，旅行还具有更多实际的意义，如上文讲到的培养孩子的五大能力。

旅游可以培养孩子的观察力。

孩子从一出生，就开始对外面的世界充满好奇。他们无时无刻不在探索。而且这种探索的细致程度超出成年人想象。行走、语言、思考的能力都是从这种探索中获得的。

因此，呈现在他们面前的东西越丰富，他们可以获得的东西就越多。尤其是完全不同的人和事物，甚至是地方习俗及地方文化。旅行就是一个很好的向他们展示世界地大物博、风情各异的机会。

尤其是带他们出国，让他们接触完全不一样的文化、语言、习惯。虽然在我们眼中，这些不同没有什么，但是对于敏锐的小孩子来说，他们的大脑会因为曾经的不同而获得更多的输入。

旅游还可以提升孩子思维力。

不同的地域和不同的文化会拓展孩子的视野，发散他们的思维，这是不言而喻的。拿语言来说，英语就能充分表现西方人直来直往的思维方式，汉语则表现出中国人含蓄的思维方式。如果带着孩子去英语国家旅行，他就能切身地体会一种迥然不同的思维方式，这种锻炼是不可多得的。

大部分父母不想带孩子去旅行是因为觉得很累。因为孩子体力上跟不上经不起折腾，有时候还会生病，这对家长是个不小的考验。他们面临两个选择：一个是放弃旅行；另外一个是继续旅行，但是要根据孩子的特点和喜好改变旅行的初衷及旅途的安排。

家长需要改变的是自己的态度，不要想着是孩子拖累了旅行，恰恰相反，是孩子给了你机会——给了你一个回归旅行的真正意义，并实现成长的宝贵机会。

涵涵刚上小学的时候，对历史非常着迷，尤其是《三国演义》，简直完全陷进去了，张嘴闭嘴都是上面的典故。

有一天，我们三人正在吃饭。吃着吃着，父子俩就争论起来——他们争辩谁才是三国第一猛将。

"我说是典韦,就连罗贯中都认为典韦是:铁戟双提八十斤,濮阳城外建功勋。典韦救主传天下,勇猛当先第一人!典韦第一名至实归。"饶爸说。

"我不赞同,我认为是吕布吕奉先。虎牢关刘关张三英战他都不能赢,放眼三国,有几个能敌得住桃园三结义的刘关张?"涵涵反驳道。

我看涵涵说得有板有眼,就对着饶爸打趣道:"不行了吧!"

就在他们父子争论不休的时候,我突然冒出个想法,跟他们商量:"你们俩别吵了。咱们湖北可是三国故事最多的地方,孔明躬耕隐居所在的襄阳、刘备携民渡江的地方、刘备借的荆州、赤壁鏖战的发生地、曹操战败走的华容道……这些古迹都在我们身边,为什么我们不去转悠转悠呢?"

我的话还没说完,涵涵就欢呼雀跃起来。商量定了,我们就把这次旅游定为三国古迹之旅。

一路上,涵涵很兴奋,不喊累,不怕苦,也没有生病,每走一地都高兴地讲述这个地方发生的三国故事,说得有鼻子有眼,我们也被他带得兴奋起来。

三国古迹之旅

到了当阳长坂坡，涵涵脱口说道："常山赵子龙真猛将也，在长坂坡百万曹军当中，杀他个七进七出，救出刘备幼子。"他的样子好像个说书先生，我们都被他逗乐了。他接着说："当阳桥上，燕人张翼德一声断喝，喝断桥梁水倒流，吓退曹兵百万，也是一员猛将也！不过，我有个疑问，张飞怎么能凭借一声吼就退走了曹操的军队呢？曹操的虎狼之师也太不堪了！"

你看，孩子有自己的思考了。亲子旅游的意义就是在游玩中能够引发孩子的思考，开拓孩子的思维，扩大孩子的视野。从这一点上来说，我们的三国古迹游是非常成功的。

从此，我们爱上了这种旅游。

后来，我们到江苏录制节目，闲暇之余带着涵涵去了无锡的三国城和水浒城，我们一边游玩，一边谈论名著里那些脍炙人口的故事，不但涵涵的收获大，我们也受到了很好的历史文化教育熏陶。

所以，亲子旅游不但是孩子受益，大人也会跟着受益。

旅行以一种最好的、最直观的方式，让我们看到真实的世界、真实的生活。我们可以告诉孩子，这就是真实世界的一部分，不同地域、不同信仰、不同文化、不同风俗的人们真实地生活着，而这些东西都是在家里无法体会到的，因此旅行可以丰富孩子的人生体验。

旅行还能让人知晓生命形态的多样性和人生无穷无尽的可能性。

生命之可贵，就在于它的多样性，进而衍生出无限可能性，旅行正是知晓这一秘密的最好途径。在旅行之中，可以发现人生的真谛，寻找自己内心所属，从而让我们能以更强大的精神力量面对未知的人生。

自律和强大意志为各种输入提供精神护航

强大的输入不但要求内容丰富、形态多样,还需要有一定的精神护航,否则输入就成了一时之兴。有了强大的输入,如果缺少了必要的精神导引,到输出的时候,也会乱了章法。

最首要的精神导引,就是自律。

自律就是自我管理的能力。翻开浩如烟海的典籍可以发现,古往今来,取得巨大成就的人往往都有一个共性,那就是自律能力强。不懂得自律,纵然有良好的根基,最终也难免沦为平庸之辈。

在帮助孩子构建自律能力这一问题上,很多家长走入了误区。这样的误区有很多,但最根本的误区在于,家长一味地仅靠外部力量强迫孩子去自律,而非从自身做起,给孩子做出表率。还是那句话,父母是孩子最好的老师，父母的一言一行直接影响着孩子的思维和行为模式。这也是我们反复强调的成就更好的自己，跟孩子一起成长的意义所在。

孩子刚出生的时候，只知道模仿。有人说孩子的天性是模仿，这在某种意义上说是对的。孩子往往以一种不自觉的状态参与到周遭的生活中，重复成人的话，模仿成人的行为，唱大人们唱的歌。

然而，在奥地利著名社会哲学家鲁道夫·斯坦纳看来，这种模仿绝不是单纯地学习各种行为，它们能进入孩子更深的内在，影响孩子的消化过程，影响他们内在器官的发育和功能发挥。

在我们家里，绝对不会有依靠父母的强制力来制定的规则，一切活动都是靠自律。就拿现在很多家长都头疼的网络游戏来说，我们家不禁止涵涵玩网络游戏，他想玩就玩，但是必须遵循自律的规则。

我们从不担心涵涵会有网瘾。在自律的保驾护航之下，网络游戏只能成为培养涵涵思维力和创造力的工具。

涵涵刚开始接触网游的时候，饶爸担负起了玩伴和网管的职责。他一边陪涵涵玩，一边制定自律的规则——从内容和时间上对玩网游做出限制。这里要注意，是限制而不是禁止。

涵涵喜欢历史，他们父子俩就选择历史题材的网游。他们喜欢策略性的游戏，在游戏中分别饰演不同的角色，然后规定一个时间，比如说是半个小时、十五分钟等，只要时间到了，不管游戏进行得多么激烈，都必须立刻抽身出来。这叫规则。

设定规矩也不可太死板,要有灵活度。我们当父母的心里要清楚,陪孩子玩网游不是为了让他染上网瘾,而是为了在游戏的同时,培养孩子的时间观念和规则意识(既要遵守游戏里的游戏规则,也要尊重人生的游戏规则)。

而且,我一直跟涵涵强调,玩的时候要开开心心地玩,学的时候要认认真真地学,学习要高效。我还告诉他,只会学不会玩的人没前途,这也解释了为什么中国的学生最用功却最缺乏想象力和创造力。

所以,一定要在自律的前提下会玩、玩好。

作业时间涵涵全神贯注,不受外界干扰,一气呵成完成作业

涵涵8岁时暑假在西安旅游,感受中国历史文化,放松心情

在培养孩子自律的过程中,父母的自律能力也得到了相应的训练。

也可以这么说,培养自律的孩子最有效的办法是家长要进行自我教育,即实现家长自身的自律。

这是一种自我修养,同时也是一种教育孩子的方法。

此外,还有一种观点认为,孩子的成长和发展是暗暗跟随着家长的成长和发展的。在这一过程中家长自己能取得多大进步,孩子就能取得多大进步。

在自我进步的同时,为了培养孩子的自律,家长需要明确一些规则。比如说,要告知孩子清晰的信息和有限的选择,跟孩子的交流要简单明了。有的家长善于设计一些问题，或者向孩子征求意见，其实这么做是不科学的，容易给孩子带来一定的混淆。

提问或让孩子自己选择，某种意义上说容易让孩子养成自我主义，这种自我主义是有害的——以自我为中心，漠视别人的需要，实际上是给他们的心灵投放了一剂毒药。

孩子长大以后，也许就不想做生活要求他们去做的事情，如作业、家务、工作等，甚至不能担负起该负的责任。孩子进入青春期之后，家长和他们之间的冲突，很多都是这种以孩子为中心的养育模式直接导致的。这种投其所好的教育方式，实则毁了孩子的自律。

除了家长的自律能对孩子的自律培养起作用外，在实际培养孩子的过程中仍然离不开适度的强制和禁令。

这就涉及强制和自由之争。

"教育是爱与典范，别无其他。"德国教育家福禄培尔的这句话，道出了教育的全部含义。唯有通过有条理的教材、事先规划好的路线引领孩子，才可以给他们以自由。因此，强制是自由的基础，事先规范好的纪律是孩子构建自律能力的必要手段。

总之，纪律的出发点是爱。

除了自律，孩子的意志品质对输出也会起到保驾护航的作用。有一句很重要的话：性格即命运。

我们都知道意志品质不是天生的，主要靠后天的教育培养。幼儿期和小学低年级是孩子的意志品质的萌芽时期。

因此，家长在孩子很小的时候就要注意意志品质的培养，一点也不能放松。我们要做的是摸清孩子在意志品质方面的薄弱因素，有针对性地采取教育措施。

每个孩子都有一定的意志力，只是强弱不同，家长要从每个孩子的实际出发，找准薄弱点。

涵涵小的时候，我通过和他一起做游戏来锻炼他的意志力，也会经常给他讲名人坚持不懈，最终取得成功的故事，给他树立榜样。涵涵遇到挫折而想要退缩的时候，这些名人故事就会不断激励他前进。

另外，孩子因为接触的人和事相对较少，不是所有的困境都能遇到，所以，没有困难要创造困难——创造更多的"困难"情境让孩子去适应。因为主动创设的"困难"情境更具有针对性，能弥补自然情境的不足。

在这样的"困难"情景中，孩子会一步步懂得如何解决问题，而不是选择退缩，从而磨炼他们的意志。

当然，这一切都离不开父母的配合和陪伴。游戏——这种训练孩子坚强意志的方法存在于每日生活的所有环节之中，如果我们能够充分利用，就能使孩子们在不知不觉中坚强起来。

打铁还要自身硬

前面的许多案例,都深刻地揭示了"孩子的所有问题实质上都是指向父母的"这样一个道理。因此,父母如果不能主动学习,让自己变得强大起来,教养孩子无异于空谈。

我在武汉有个朋友,叫董欢欢。

欢欢是个漂亮的全职妈妈,有两个孩子,大的是女儿,上高中,小的是男孩,上小学。如果你没跟她打过交道,或者只是在人海中偶然遇到,就会觉得她真是个幸福的女人。儿女双全,丈夫事业有成,从她的穿戴上可以看出来,家中很富有,她身上有着典型的阔太太的范儿。

可是,未哭过长夜者不足以语人生,你没见过她痛苦地流泪,就会被外表的假象所迷惑。

她曾经极度痛苦，曾经对人生失去信心，原因也并非特别重大，仅仅是因为她孩子的问题。

她的女儿从小在锦衣玉食中长大。由于爸爸忙生意而无法陪伴孩子，就总想着用金钱来给女儿补偿和安慰。爸爸的观点是，留给孩子足够多的钱就行了，不用做别的。

于是，女儿从小就花钱大手大脚，如流水一般。只要是她想得到的东西，她都想尽一切办法得到。爸爸妈妈也会满足她的一切要求，钱对这个家庭来说，真的不是问题。

然而，问题慢慢地出现了。女儿很会花钱，却不知道感恩。花钱的欲望没有止境，有时候稍有不满足，还会大发脾气。到了叛逆的青春期，她穿名牌，用奢侈品，小小年纪就去香港扫货，动辄消费数万元甚至几十万元。最要命的是，她并不觉得这么花钱是爸妈爱她，愿意给她花，而是认为这是理所应当的。

女儿的典型心理就是：你们是我爸妈，你们的钱就该给我花，你们就该对我好，这都是你们应该做的！

后来，因为和同学攀比和自己虚荣心作怪，女儿结交了社会上的青年。老师反映到妈妈那里，妈妈说她几句，她就十分不耐烦，还跟妈妈顶嘴。

妈妈在女儿上学期间，最怕的就是被老师叫到学校。然而，她还是在众多家长中被叫到学校次数最多的。她想让女儿听老师的话，哪知女儿反过来教训她一番，连带着说了一通老师的不是。

妈妈觉得再这样下去的话，女儿就毁了，到了必须改变这一切的时候了。但是，如何改变，才能让女儿的"恶劣行径"得到改善，着实令她困惑和无奈。

其实，我是了解欢欢的。孩子的大手大脚，孩子的不知感恩，孩子的坏脾气，孩子的种种叛逆，都是她在孩子身上的投射。孩子的种种作为都是她的所作所为、她的性格、她的脾气的一个镜像——她对奢侈品的痴迷，对别人的不友善，对整个世界的冷漠，对别人的轻视，不都传染给了女儿，得到更强烈的呈现吗？她只是一味地埋怨女儿，却始终找不到造成女儿如此顽劣的根源。

正如心理学家斯蒂芬·吉利根博士所说："大自然是很有耐心的，你所有不愿意疗愈的，都会传给你的孩子。如果你不愿意孩子与你受同样的苦，最好疗愈自己、让自己成长。"

第一次看到这句话的时候，我的心里很害怕，接下来就是无尽的反思和内省。我不希望这样的事情在我跟涵涵的身上重演和得到所谓的科学印证。相信我，这样的思想病毒是真实存在的。我们来看看罗伯特·迪尔兹的故事。

罗伯特·迪尔兹的母亲跟外婆和外婆的姐姐一样都患上了乳腺癌，也许她的潜意识觉得如果自己没有得病就对她们不忠诚，头脑虽不是这么想，但潜意识却一直这样影响着他。

医生说他妈妈的癌细胞已经完全转移，连骨头都未能幸免，所以1年都活不了。迪尔兹发现了妈妈的思想病毒，便引导她重新理解忠诚的含义。迪尔兹说："如果你要用生病去忠诚你的母亲，那么你的女儿也要用生病对你忠诚，你想要她这样忠诚吗？"妈妈听了迪尔兹的话，清除了心中的思想病毒。

妈妈的病奇迹般地不治自愈了，而且最终多活了18年，直到去世癌症都没有复发。

我的一个朋友，他的父亲罹患心梗猝然辞世，葬礼过后，我这位朋友觉得自己的心脏血管也堵了，猝死不过是时间问题。因为关于死亡的问题就像病毒一样入侵了他，让他惶恐终日。

有一个有名的实验，科学家把一只猴子放进一个装有香蕉的笼子里，每当猴子要去拿香蕉时就会被冰水袭击，这样它就不敢去拿。重复几次之后，猴子已经产生了拿香蕉有危险的信念，即使之后没有冰水袭击了，猴子也不敢去拿那个香蕉了。

这跟人类的行为何其相似。也许你曾经为追求自己想要的东西而受挫，几次之后，你便认定了那是不会成功的，不敢再去尝试。

实验的第二阶段更为惊人。科学家之后又放进了一只新的猴子，它也能够到香蕉，但不能接触第一只猴子。这只猴子并没有看到之前发生的，和原来的那只猴子之间也没有语言可以沟通，但当新猴子要走向香蕉的时候，之前的猴子自然地做出了恐惧的反应，它觉得新猴子要被冰水袭击了！就在之前的猴子开始恐惧的那一霎，新猴子也产生了恐惧的反应，它停下来脚步，不再去拿那个香蕉。其实，这只新的猴子根本就不知道有冰水袭击，而它真正去拿香蕉，也许并不会遭受冰水袭击。

人类跟猴子有什么区别吗？不要跟陌生人说话，不要信任，不要受骗上当，恐惧、怀疑真的如思想病毒般蔓延，事实上，大多数人并没有亲身经历，但我们却都变成了那只不敢拿香蕉的新猴子。对于家庭来说，父母的不当言行和思想，危害最大的是那些最爱、最信任我们的人，就是孩子们。

如果父母觉得人生很苦，赚钱很难，婚姻很无奈，成功很渺茫，你即使不这么说，孩子也会像新猴子一样受到传导。

无意识中，我们接受上一辈传递的思想病毒，并把它传递给下一代。大自然是很有耐心的，你所有不愿意疗愈的，都会传给你的孩子。

总而言之，输入和输出虽说是全脑学习法的两大要素和关键步骤，是技巧和方法层面的事情，但是如果没有一定的精神法则做根基也是不行的，而精神法则的培养与训导还需要父母们亲力亲为。如果父母做不到打铁自身硬，怎么输入和输出，都是无效的。这就跟做人是做事的根基一样的道理。

这也呼应了我们的主题，遇见孩子，成就更好的自己。如何成就自己，同时也成就孩子？

说一千道一万，还是得自身能力得到提升。父母如果能做到自律，拥有坚强的意志、浪漫的情怀、豁达的心胸、满满的正能量，同时肯下功夫跟孩子一起学习成长，一起接受锻炼和考验，那么一定能培养出出色的孩子。

把自己身上的弱点都治愈了，让自己"硬"起来，这才是为人父母者应该做的。

Part 5

跨越误区:天才是可以复制的

过度期许也许会毁掉孩子
贬损是天底下最无能的策略
比较是套在孩子身上的枷锁
成为天才的父母

过度期许也许会毁掉孩子

由于涵涵在江苏卫视《最强大脑》节目上的表现优异，后续有许多家电视台联系涵涵做节目，涵涵的知名度一下子暴涨，成为小有名气的小明星，不但亲戚朋友会夸赞，他所在的学校也拿他做榜样。

面对这些称誉，说实话，作为家长，我们身上有了一种未曾有过的担忧和焦虑。涵涵还这么小，他在盛名之下，会不会有压力？

我们也听说过好多类似的童星被舆论过度关注压垮的事情，我们可不想重蹈覆辙。

于是，我决定跟涵涵谈谈这事。

我没有开门见山、直奔主题，而是婉转地询问："涵涵，你现在上了这么多次电视节目了，老师和同学怎么看你啊？"

涵涵略微想了想说:"也没啥,同学觉得我很了不起,老师把我当同学的榜样,我觉得没啥啊,还跟以前一样玩耍。"

我听了,悬着的心才稍微放下来。

有一次,涵涵问饶爸:"爸爸,同学说我是明星,明星跟普通人不一样吗?"

饶爸告诉他:"你算什么明星?你就是一个小屁孩!"

涵涵参加优酷《最强小大脑》节目录制

Part 5　跨越误区：
天才是可以复制的

涵涵成为2015年第二十四届世界脑力锦标赛武汉赛区推广大使

"父亲节"地产公司邀请涵涵与众多家长一同分享科学的记忆方法

你就是一个小屁孩！对，我们就是这么跟涵涵说的。可以说，我们对涵涵没有什么过分的期许，他在我们眼中就是小屁孩，吃好、玩好、学好就一切都好，其他的我们不做要求。

我们不对涵涵做更高的期许，因为我觉得过高的期许会让他承受太重的压力，这样会毁掉他。

不过，我们还是会让他明白：你现在多少有点影响力，是个小公众人物；既然同龄人当中你算是出色的，你就必须对得起人们对你的关注和给予你的荣誉，你要继续努力做好。

这么跟他说，不是苛求他去怎样，让他像明星一样累，而是告诉他应有的承担。这是适度的期许，是应该有的，而非苛求孩子做他不愿做、不能做的事。

过度的期许必然导致对孩子的苛求、苛责，那样往往会毁掉孩子，这绝非是危言耸听。

我认识一对教师夫妻，他们的孩子东东让他们头疼不已，已经到了要看心理医生的地步了。

有一次，我与他们一家相遇。

东东的妈妈何老师就跟我诉苦："我是优秀教师，在学校和市里的教育局都很有口碑，我教出了那么多优秀的学生，但就是教不好我自己的孩子，真丢脸。"何老师一边说，一边还用"恨铁不成钢"的眼神看着东东。

东东一言不发，头低垂着，脸上泛着羞涩之情，看得出他很紧张。

同时，我还我看出，妈妈说那番话的时候，东东脸上透露出抱怨的神情。

当时我就想，或许主要问题并不出在东东身上，而是何老师夫妻俩的过度期许与苛责让孩子感到窒息，从而对父母产生了深深的不满。由于东东天生内向，便选择了一种被动消极的方式表达自己的不满，而不是采取主动沟通的方式。

每个孩子的生命力都是汪洋恣肆的，尽管因为年轻，他会遇到一些挫折，但那些挫折最终和成就一起，会让他感觉到自己的生命是丰富多彩的。正如一位先哲说得好："更重要的是，这是自己的。"

相反，如果父母对孩子期待过高，甚至把自己未施展的抱负或是理想强加于孩子，并以此为桎梏对孩子加以苛责，那无疑是在窒息、扼杀孩子。窒息的是孩子的生命力，扼杀的是孩子的主动性和创造力。

物极必反，如果期待过高、苛责过狠，还有可能导致孩子用被动的方式去羞辱父母。

东东未必不能体谅父母的苦心，但为什么他一到大考就不行？其实很可能是这种心理在起作用。

后来，我跟东东私下深入地交流了一次，就像我平时跟涵涵做的那样。东东说出了隐藏在内心深处的声音："我讨厌他们(父母)一天到晚围着我转，让我烦得不行。但我很快会对自己说，你怎么能恨爸爸妈妈呢？他们对你那么好，那么无私，你反而恨爸爸妈妈，你还有良心吗？"

这就是典型的"被动攻击"，就是通过考砸考试来羞辱自己的父母。这种做法正刺中了作为教师的父母的软肋，让他们愤怒甚至感到羞耻，被动地实现了对父母的攻击。

经常被苛责的孩子，学会了苛责。经常被打骂的孩子，学会了仇恨。经常被批评的孩子，很容易变得自卑。经常被限制的孩子，会越来越刻板固执。

从东东的事情引申开来，我们应该深思：现在的孩子为什么经常被苛责、被打骂、被批评？因为家长们都患上了一种病——完美小孩期待症。

妈妈有多么渴望孩子的完美，那么当孩子没有达到目标时，她就有多么失望。

表面上看，孩子为了面子而放弃学业，孩子和妈妈的方向看起来南辕北辙，其实有着相同的心理背景，那就是努力追求表面上的完美。那么，完美还有错吗？

这种病症跟社会的大环境息息相关。不可否认，当下的竞争非常激烈，家长们都期望孩子不要输在起跑线上，因此孩子成了压力最大的群体。6个月就被拎去上早教课，2岁要能用英文背诵《床前明月光》，3岁就学习理财课程……毫不夸张地说，竞争从胚胎就已经开始了。

实际上，苛责孩子不是一个情感问题，而是家长的能力问题。正如很多家长不断对自己说，孩子能平安长大，那就可以了。可是，现实中谁都不可能在桃花源中生活。为了让孩子都有一个美好的未来，每一位家长都会丢掉桃花源的幻想。

只要存在被迫的竞争，对孩子的苛责就难以停止。如果不能杜绝苛责，对孩子所谓的的爱其实都是枷锁。

贬损是天底下最无能的策略

有一段时间，涵涵对记忆法学习有了严重的抵触，只要涉及与数字和记忆法相关的东西，他都表现出很烦躁的样子。这是我跟他学习记忆法以来遇到的最大的抵触。

我们问他为什么。

他说，不为什么，就是不想学。

孩子辛辛苦苦学了这么久，也取得了令人骄傲的成绩，怎么能说放弃就放弃呢？可是，涵涵不想学，我们也不能把刀架在脖子上逼着他学啊，那样岂不是更加助长他抵触的情绪？

我们和涵涵陷入到冷战和对抗当中。

有时候过于气馁，我也会贬他一顿："你是不是对记忆法没信心练下去了？将来的一些赛事你也没信心参加了，是吧？你现在就是个胆小鬼！"

这时候，涵涵流着委屈的泪，什么都不说。

后来想想这么说，我心里也特别后悔。但在气头上，我也没管那么多。贬损了几次也不管用，索性我也不管了。

那段时间，大概一两周左右，吃完晚饭我跟饶爸就去公园健走，到了九十点钟回来上床睡觉，闭口不谈涵涵学记忆法的事。涵涵呢，也无所谓，没人搭理更好，在家里玩得不亦乐乎。

可是，我们不甘心啊。事实已经证明，贬损是不起任何作用的，而且还会加重涵涵破罐子破摔的心理。

于是，我跟饶爸进行了一次长谈，几个小时的时间里都在商量解决之道。后来，我们一致认为还是得鼓舞，不能贬损。

所谓的鼓舞，就是要同甘共苦，跟孩子一起度过"抵触"这个难关。

最后由饶爸出面，跟涵涵深入交谈了一次。

饶爸跟涵涵说："涵涵，爸爸也知道学习记忆法很枯燥，正如你说的，没有意思，可是我们应该以成熟的心胸看待问题。首先，记忆法是不是让你的学习变得轻松了？"

涵涵点头。饶爸接着说："这说明什么？说明记忆法有效。你现在是不是有更多的时间去学吉他、作曲、作词、书法,或者看球赛?"

涵涵又点了点头。饶爸接着说:"你有没有考虑过其中的原因?"

涵涵眨了眨眼。

饶爸告诉他:"就是因为记忆法把学习效率提高了,你才能够省下更多的时间来发展其他爱好。你现在有抵触情绪其实都是假象。不是你真的不喜欢记忆法了,而是你觉得音乐、书法、足球更刺激、更有趣,对不对?但是你要仔细想想,如果你放弃了记忆法的学习和训练,你就要花费更多的精力去学习功课,那样你就会丧失很多用来玩吉他和看球赛的时间,这可是得不偿失的啊。"

游乐场的快乐男孩　　　　　　　涵涵也是个热爱足球的足球小子

涵涵在学校练习篮球

涵涵有些心动了。

饶爸继续说:"而且,如果你继续学习记忆法,我也给你一个承诺——爸爸会跟你一起学。你学什么,我学什么,最后咱们来个比赛,你看怎么样?"

涵涵问:"真的?"

饶爸说:"大丈夫一言既出,驷马难追!"

就这样,我们和涵涵达成了共识,那些困扰我们多日的抵触情绪一扫而光。这次事件说明,贬损是天下下最无能的策略,唯有鼓舞和一起承担才是让孩子努力的不二法门。

我看过下面这么一段话：

如何成功毁掉一个孩子？

去贬损他！否定他！挖苦他！

如何贬损、否定、挖苦一个孩子？

对他们说这些话：

"傻子！"

"白痴！"

"你怎么这么懒！"

"你怎么这么笨啊！"

"你干什么都没有长性！"

"你这孩子怎么这么没礼貌？没出息！"

"玩游戏真有激情，怎么没看到你学习这么有激情呢？"

"你有多动症啊？"

"你总是撒谎！"

"败家子！"

"眼睛长到头上去了，这都看不见！"

"你耳朵聋了吗？没听到我说的话！"

"你再学也是那样！算了吧，你不是那块料！"

"你是个从不收拾房间的坏孩子！"

"你是个什么用也没有的人！"

"像你这个样子，长大了只能捡垃圾！"

"你真是成事不足、败事有余！"

"哟，真是太阳从西边出来了！"

"不要逞能，你还小着呢！"

如此下来，不愁你的孩子不被毁掉。这些话也被称为"毁孩儿宝典"，值得家长引以为戒。

我奉劝各位家长，此宝典不可轻启，否则就会后患无穷。

不可否认，父母说这些话本意并非毁掉孩子，而是为了刺激孩子，让孩子奋发，或知耻而后勇。我们有时候也会这么做。涵涵不好好吃饭了，饶爸就会跟他说"我看你这么点饭都吃不完"，或者"就这一小瓶牛奶你也喝不完"等。我们这么做，是想通过反面刺激来激发孩子不服气的心理。可是，如果运用不得当，很多时候就是在毁孩子。

就算是语言相对比较温和的刺激，久而久之对孩子也是一种伤害。更不用说那些彻底贬低或挖苦孩子的话了。

什么样的家长喜欢贬损孩子？不外乎这几类：要么自己就是在被贬低中长大的，非常自卑；要么就是用自傲、自恋来掩饰自卑的人；要么妄自尊大、唯我独好的人；要么处世悲观、抱怨连连的人。总之，喜欢贬损孩子的都是一身负能量的父母。

贬损常常具有强传染能力。一旦从父母那里感染这种病毒，孩子的内心深处便会种下更加深刻的自我贬低，而这种贬低产生的效果就是孩子的叛逆、消沉，直到不可救药。

孩子很小的时候，对父母的话无条件地信任，他们幼小的心灵认为父母是无所不知的；如果父母开玩笑地说"你个小调皮"或者"你个小笨蛋"，或者恨铁不成钢、一时气急骂孩子，孩子都会信以为真。久而久之，孩子便适应了这种模式。即便孩子长大后，对事物有了自己的判断，对父母的话不服气甚至反驳的时候，他还是不自主地会接受父母的话。

这似乎是个悖论，但细想想却真是这样。如果孩子心里对自己的判断不确定或者对自己的优点也是半信半疑的，就会特别容不得别人对自己贬损。究其原因，就好比是一种定义法，如你是什么星座，这个星座有什么特点，然后你去看，往自己身上套，最后发现自己真的就是这样。同样，父母认为孩子怎样，父母做了怎样的判断，孩子同样认为自己就是这样的，内心深处接受了父母对自己的判定。

无论是表现出自卑的行为，还是用自大狂妄的言行来掩饰自卑，被贬损的孩子常常生活在自我价值低的阴影里。

在贬损的环境下长大的孩子，心里只有负面的形象或意念，比如不好、不对、差、懒、笨，而不知道什么是崇高和优秀。当然，通过外界接触，他也认识了许多崇高、优秀的人，但对于究竟什么才是崇高，什么才是优秀，他毫无所知，也不感兴趣。这就是贬损伤人于无形的可怕之处。

贬损实质上是给孩子贴上一个负面标签，而标签所起的暗示作用，就是其伤人于无形的工作原理。

在现实生活中，父母不仅爱轻易地给孩子"贴标签"，更多的是乱贴标签，而且倾向于给孩子贴坏标签。这问题就很严重了。因为坏标签会产生负功能，尤其是当孩子年龄稍长、能自己判断一些事物、了解到"标签"的含义时，坏标签就会带来一种不良的心理暗示——反正我就是这样了，做不做好事有什么要紧？

标签的力量太强大了。它之所以具有强大的作用力，是因为它是社会认同的概念，某人或某事一旦被贴上标签，周围的人都会认为真的是这样，而贴标签产生的暗示作用，会让被贴标签者的行为与标签内容相一致。

标签这一作用在孩子身上，力量不容小觑。因此，教育孩子要因材施教，贴合适的标签，贴好标签，要摒弃坏标签和错标签。

还有一种情况尤其得注意。那就是有条件的爱会严重贬损孩子的形象。比如说"你好好吃饭，妈妈爱你""你把作业这么快写完了，真棒"，言外之意就是你不吃饭妈妈就不爱你，你写得慢你就不是个棒小孩，于是孩子为了博得一个肯定或奖赏，开始拼命地表现自己。

在这种有条件的爱（其实是含蓄的贬损）中长大的孩子，就像浪中的浮萍，它只有两个选择：拼命表现，以赢得父母（将来是老师、社会）的认可；自我毁灭，自我放弃，随风飘去。拼命表现的孩子，他的人生会是一场战争，他活着的目的就是胜过别人，他会成为一个输不起的人。但总有一天他会输掉，而这一天就成为他的世界末日，令他彻底崩溃。

因此，我们做父母的要做的是接纳，而不是贬损。接纳传递的是对生命本身的尊重和敬畏——孩子，你的价值不是因为你做出了什么成绩，而是因为你是独一无二的人。

比较是套在孩子身上的枷锁

情景剧《爱情公寓》里有一集,曾小贤说了一段爆笑的台词:

"从小就有个宿敌,叫'别人家的孩子',他脾气很好,天天就知道读书,长得又帅,每次考试考到年级第一。长大以后,他还交了一个又正点又有钱的女朋友。研究生和公务员全考上了。"

似乎,"别人家的小孩"成了所有孩子成长过程中必须遭遇的敌人,根源就在于家长老拿自己的孩子跟别人家的孩子作比较,比较孩子的个子高矮、做事快慢、才艺水平、成绩好坏……

在这个竞争无处不在的时代,家长最怕的就是自己的孩子落在别人的孩子后面。当孩子的成长不尽如人意的时候,家长就会拿自己的孩子与别人家的孩子比,说他们如何如何,话中往往还带着情绪。所谓"爱之深，责之切"。更严重的是，家长还爱当着孩子的面作比较。

殊不知，家长这些所谓"恨铁不成钢"的情绪宣泄，在无形中深深刺伤了孩子的心。长期生活在这种环境中的孩子，其自信心和自尊心受到严重的打击和伤害，极易造成自闭、孤僻等性格倾向。

前一阵子，有一篇网文，题目大概叫作《别人的家长》。文章里的孩子在父母的逼迫下终日在各种补习班、特长班之间奔波。当他有小小的要求和愿望的时候，往往遭到父母的扼杀和打压。于是，就出现了"别人家的家长"这一概念。"别人家的家长"鼓励孩子做一些社会实践，支持他们做有意义的事情，让他好生羡慕。

先有"别人家的小孩"，后有"别人家的家长"，这是个极大的讽刺。与其说是孩子们的反击，不如说是孩子在遭到比较后内心无奈的真实写照。

一项调查显示，95%的孩子都被父母拿来跟"别人家的孩子"比较过，这样的数据毫不费力地把"别人家的孩子"送上了大众宿敌的宝座。"别人家的孩子"在父母的口中总是那么完美，拥有你恰好没有的优点；最关键的是，他总是在你受到父母批评的时候适时地出现，种种"闪光点"让你在讨厌他的同时也顺带着鄙视自己。

涵涵从小就很调皮，常常闯祸，却从未被拿来跟别的孩子比较过。若是他做错事情，我们会惩罚他，比如没收一件他心爱的玩具，或是扣除他的零花钱,但绝对不会因为生气而拿他的短处和别的孩子长处比较。我跟饶爸达成了共识——涵涵在我们眼中就是最棒的,没必要拿去和别的孩子比。因为我们知道,如果经常把孩子置于比较之中,他肯定会产生自卑心理,不利于他的成长。

涵涵的同学彭彭,他的父母以前不懂这些道理,经常拿彭彭跟别人家的孩子作比较。现在到了小学三年级,当他的父母再拿他跟其他孩子作比较时,他开始反驳了。一次,班级测验结束后,我们去学校接涵涵,遇到了彭彭的父母。当着我们的面,彭彭妈就说彭彭:"你怎么这么笨啊,好几道题都不会做,你看人家涵涵,全部都答上了,而且没有一道答错,你说说你!"说着,还用指头点着彭彭的头。

涵涵2岁时

涵涵4岁时

这时，彭彭直接就反驳起来："你们怎么不看看涵涵的爸妈是如何对待涵涵的？"彭彭的父母当时就愣了。

后来我们一路同行，彭彭的父母坦言："每次他说这话都让我们哑口无言，这话多多少少让我们感觉有点心寒。"

我开导他们，说彭彭这样说并不是故意和父母作对，而是他们这种恶意的比较让他产生了厌恶的情绪。父母的一片苦心可以理解，但是在孩子看来，总拿自己去和别人比较，好像所做的一切都是要为父母争面子一样。

道理很简单，别人家的小孩成了所有小孩的宿敌，别人家的家长也成了所有家长的噩梦。

其实，印度有位哲学大师说得好："玫瑰就是玫瑰，莲花就是莲花，只要去看，不要比较。"

一个重要的事实是，孩子天生就有差别。作为父母，首先应该尊重这个差别，然后在这个差异性的基础上，跟随孩子一起成长，一起去克服、突破、提升；其次，真的要比较的话，或者必须要比较的话，一定要拿孩子的现在跟孩子的过去相比较，以孩子自身的进步为准绳，而不是拿自己的孩子跟别人家的小孩子比。

正如"别人的家长"给我们的启示一样，如果孩子拿自己家长的短处跟别的家长比较，家长会作何感想？如果自己的孩子说我们与别的家长比，有多么不合格，自己该多尴尬！

总之，每个人都有长处和短处，孩子也是，没必要拿自己的孩子和别人的孩子比来比去。我们要学着做有智慧的家长。

智慧的含义一是"遇见孩子，成就更好的自己"，跟随孩子一起成长；另外一层含义就是家长一定要摆正自己在教育孩子过程中的位置。正如本书开篇就说的那样，家长是陪伴者、同行者、激励者、见证者。不管是上述哪种关系，稳定的基石只有一个：尊重。

家长切忌把自己放在一个高高在上的位置上，面对孩子的失败，摆出指责埋怨的态度。聪明的家长在孩子失败时，还能发现其可贵的优点，并给予正面的鼓励，与孩子一起面对成长过程中遇到的困难和挫折。

正确的引导能让孩子积极快乐地成长。如果老拿自己的孩子和别人的孩子作比较，会使孩子出现不健康的心理。其实，只要我们的孩子努力了，那他就是最棒的。

成为天才的父母

父母必须要强大,这是"遇见孩子,成就更好的自己"的宏旨。你不强大,妄求孩子强大,这不是在痴人说梦吗?

这里的强大是全方位的强大,包括内心的强大、价值观的强大、方法论的强大,如果仅理解为财力之强大、物质之强大,就曲解了"强大"的真实内涵。

父母的强大体现在日复一日的家庭教育中。如今看来,家庭教育虽然很重要,父母的责任虽然很重大,但是不可否认的是,家庭教育仍然是孩子整个教育系统中最薄弱的一环。

为什么?

一,我们初为父母,毫无经验,更没有受过专门的训练。在我们的经历中,无论是小时候,还是长大以后恋爱成家,无论是在学校,还是在社会，很少有人对我们说怎么做父母。长辈们有所提及，零零散散，不成体系，况且我们听到这些的时候，并没有孩子，因此也并不曾用心。还有一点，长辈们口口相传的那些教子经验，诸如"棍棒出孝子""不打不成才"等，究竟对不对，适不适合我们的孩子，我们的心里恐怕也没底。原生家庭的影响和烙印一直都在，缺乏专门训练的年轻父母难免会出错。

二，父母们望子成龙、望女成凤的心理易使家庭教育偏离方向。父母与孩子间有天然的感情联系，特别是母子一体，自然产生期待，把自己没实现的、没做成的都转而寄期望于孩子来完成，而这往往不切实际。一本名为《哈佛女孩刘亦婷》的书卖了几百万册，正是父母们这种心理的反映。父母的过度关心、过度照顾往往限制了孩子成长的空间。

三，很多父母忽略了自己的教育职责。由于社会普遍关注的焦点是学校教育，父母更多考虑的也是学校教育，而忽视了他们自己才是真正的教育基础，才是决定孩子命运的关键。俗话说：三岁看老。孩童时代所受的教育影响着人的一生，儿童对世界的最初认识源于父母，家庭教育的成败至关重要。父母们惯有的家长概念在英文中其实是个贬义词，含有"家长制"、非民主的意思。而要让孩子完成一件事，他必须真正理解、接受，才能做好。家长对教育职责的漠视以及教育理念的偏颇，容易导致家庭教育出现问题。

所以，没有父母的成长，就没有孩子的成长。

一般来说，优秀孩子成长为优秀人才的背后，总能找到温馨和谐家庭的影子；同样，一个人形成不健全的人格，也可以从其家庭中找到各种冲突和矛盾。

中国出版协会曾做了一项调查：我国有45%的家庭无一本藏书，无一个书柜；韩国96.8%的家庭平均有500本以上的藏书。没有书香家庭，哪有书香校园、书香社会？父母不进步，又怎么指望孩子成龙、成凤？

学习型的家庭中，父母与孩子是共同成长，甚至相互影响的。其中很多教育方式值得学习借鉴：如亲子共读、亲子通信、讲述成长故事等。父母的成长和孩子的成长一样，是没有止境的。父母的不断进步、不断学习，对孩子的影响是无形而深刻的。

我陪涵涵一起阅读

打羽毛球是我和涵涵的共同爱好

Part 5 跨越误区：
天才是可以复制的

2014年我陪涵涵参加北京电视台文艺频道《我家有明星》节目，涵涵现场分享他的记忆心得

家庭教育最重要的任务不是掌握技能，而是构建人格。

高分数、好成绩不是衡量孩子成功的标准，影响孩子一生发展的因素中，分数并不是最重要的，而起着制约作用的是品德、品格，是做人是否快乐，是否受人欢迎、尊重，而不是知识学问掌握的多少。父母点点滴滴的影响，将会对孩子人格的健全发展奠定坚实的基础。因此，父母们应充分重视品德习惯的养成教育。

一个重要的真相是：生活毁灭人是无声无息的，有如滴水穿石；同样，生活成就人，也是无声无息的。只有关注生活中的细节，只有成为生活的主人，才能有所成就。

大家经常感慨：现在的孩子没有童年、没有快乐；只要进了学校，孩子就没有好日子。

在入幼儿园前，父母对孩子有许多梦想，如让孩子弹琴、画画、唱歌、跳舞……然而一进学校，面对激烈的竞争，父母不得不放下梦想，陪孩子学习，带孩子上辅导班。

家长辛苦，孩子则更苦。正如孩子们所说："起得最早的是我，睡得最晚的是我，最苦的是我，最累的是我，是我，是我，还是我。"

是的，每天早晨天没亮就匆匆走在上学路上的是孩子，每天夜晚熄灯最晚的还是孩子，他们没有享受到应有的幸福和快乐。

幸福是一种体验，在教育中享受幸福，是教育的一种极高境界。孩子是否幸福，答案是"不"。可孔子《论语学记》首篇就说：学而时习之，不亦乐乎！这其实是在告诉我们一个真理：学习应当是快乐的。

因此，父母首先应该成为一个会相马的伯乐，能够发现孩子的天赋和潜质。但这只是万里长征走完了第一步，父母还需要成为一个会驯马的伯乐，培养孩子的兴趣，并帮他持续长久地坚持下去，使孩子获得竞争力，并愿意投入毕生精力去做一件事。

如何让孩子始终保持在快乐的状态下学习并有所收获，是父母作为一个会驯马的伯乐的高超境界。

还是那句老话，赏识比抱怨有效。赏识导致成功，抱怨导致失败。倘若你要你的孩子行，那就要珍爱孩子每一次的成长机会，欣赏他们的成长，欣赏他们的言行；倘若你要你的孩子不行，那就抱怨、指责他们，终究你会发现，你成功地毁掉了一个天才。

其实，孩子的潜力是非常巨大的，不可估量。周舟有智力障碍，不也成为很棒的指挥吗？周婷患有听力障碍，最终成长为美国著名大学的高才生，正是其父周洪赏识教育的杰作。让我们无条件地相信孩子发展的潜力吧！

除了挖掘和培养孩子的潜能外，还要同时培养孩子高尚的情操，使他们成长为一个具有远大目标、广泛兴趣、热烈情感、坚强意志和独立性格的人。

教育孩子不要被外在的东西所迷惑，让他们拥有自己喜欢的事物，能够让他的人生有所寄托。每个孩子可以有不同的成长道路，如何选择，将影响孩子一生的幸福。

遇见孩子，成就更好的自己。只要父母有决心、有耐心，与孩子一起成长，尽管我们不是天才，但我们完全可以成为天才的父母。

下面是几条教子心得，与亲爱的读者分享，希望能与普天下的父母们共勉！

每个孩子都是天才，都是千里马，父母要做孩子的伯乐。

家长陪同孩子一起学习、一起成长，父母的参与很重要，尤其是爸爸的陪伴，可以很好地增强亲子关系。

唯有坚持，才能在学习的道路上走得更远。

让孩子在三方面得到学习提高：技能，素质，情商；培养孩子的三格：人格、性格和体格。

教育要引导，不要灌输；要兴趣不要扫兴。

孩子等于父母生命的全部，没有任何一项事业，比培养优秀的孩子更伟大！孩子是我们一生最大的投资。

孩子小时候的管和教，是为了将来的不管和不教。

好方法，教出好习惯；好习惯，培养好孩子；好孩子，拥有好成绩；好成绩，源于好方法。

培养孩子不能靠自己慢慢摸索，因为孩子等不起！培养孩子更不能瞎折腾、走弯路，因为孩子耽误不起！

发现孩子的兴趣及天赋所在，用科学的方法引导和发掘，是父母对孩子最大的责任。

附 录

让自己勇敢和自豪
——饶舜涵《你达标了吗》训练营点滴

《你达标了吗》是中央电视台体育频道2015年热播的节目，节目组会让孩子们在几位冠军运动员的带领下，完成30天的体育锻炼。我作为随队的家庭情商训练师，参与了节目录制的全过程。8岁的饶舜涵在节目录制的过程中给我留下了深刻的印象，让我看到他"最强大脑"的另外一面。

想家的时候

孩子来到陌生的环境中，难免会想家，涵涵也不例外。

一天深夜，我到孩子们房间查看时，发现被称为"豪哥"的小男孩袁宇豪正在想家，两眼泪汪汪。我问他是不是想家了，豪哥难过地点点头，还拿出妈妈的照片给我看。

正在轻声安慰的时候,我发现上铺的涵涵趴在床边,低头静静地看着我。我抚摸着他的脸庞,轻轻地问道:"是不是我吵到你了?"

涵涵摇了摇头,用同样的声音回答我:"没有,我一直醒着呢!"

"睡不着,是吗?"

涵涵再次点点头,映着窗外的灯光,我看到涵涵的眼圈里有了泪花。

"因为豪哥有妈妈的照片,有点儿羡慕他吧?"我试探着问道。

涵涵没说话,看着我,眼泪从眼角滑落下来,鼻子有些抽搐了。无声的哭泣让我突然意识到,涵涵担心吵到大家,一个人悄悄地哭泣,让泪水一点一滴地释放着自己想家的情怀。

我看着这两个小家伙,叹了口气,对他们说起我读书时候出门在外一个人想家想得默默流泪的事,他们听得都张大了嘴,涵涵好奇地问道:"啊?后来呢?"

"后来,我哭完了,心情好多了,我知道,光哭是没有用的,我要强大自己,这样,我才有能力照顾更多的人,我还要继续努力!几天以后,终于,我在一个小饭馆里找到了一个刷盘子的工作,管吃,每个月还给我90块钱!当时,我乐坏了,比过春节都开心!"

两个孩子听到这里,情绪也跟着好了起来。想家的情绪释放出来后,他们终于安静地睡着了。

温暖的安慰

连续两周和孩子们一起生活，一起训练，晚睡早起的节奏让我彻底扛不住了，我发烧了，头昏脑涨地躺在了床上。

迷迷糊糊之间，我感觉有人来到我的房间："康康小爸爸，要吃饭了，我们大家都在等你！"

"咦，康康小爸爸是不是病了？"

我感觉有只小手在摸我的额头，然后什么也没说就跑开了。

半睡半醒之间，我感觉是饶舜涵和袁宇豪，我还没来得及和两个小家伙说话，他们又消失了。

过了一会儿，饶舜涵跑了上来，手里拿着香蕉放到了我的桌子上，然后又跑出去了，接着又端了一杯温水进来，慢慢地拿给我喝，就这样一直默默地看着我，本来就头晕的我这下更晕了，我是被孩子的这些温暖的举动感动晕了。

我摸摸他的头："你怎么想起来给我倒杯水？"

"我生病的时候，我爸爸妈妈就是这样做的！"涵涵眨眨眼睛，有些骄傲的感觉。

就在这时候，孩子们一会儿一个，一会儿一个，端来了各式各样的吃的，一直在我模糊的眼前……

饶舜涵一直默默地站在旁边看着我。感觉他就像小时候的我一样，守在生病的家人面前，不知道如何安慰，却一直默默地做着自己力所能及的事情——小心翼翼地兑一杯温水，盖盖被子……做完之后，就会用这种爱怜的眼神一直望着家人，希望家人快点好起来。

勇于面对失败

当然，孩子们在训练营中还要面临最重要的挑战：面对失败！涵涵就实实在在地面对过这种失败。面对失败的经历，对于孩子们而言，也是静待花开的必经历程。

节目组给孩子们安排了一次"插秧"比赛。规则很简单，孩子们分成勇敢队和必胜队，以接力的方式插秧。"田间地垄"（空瓶子）按照一定比例分别放置在两条赛道上，孩子们手里拿着"秧苗"（筷子），双腿叉开倒走，膝盖不能弯曲，"秧苗"要快速并准确地插好。

刚开始的时候，两个队的孩子们情绪高涨，不分上下，渐渐地，勇敢队占了上风，但是必胜队紧随其后，到最后一棒的时候，是勇敢队的饶舜涵和必胜队的邓韩英博。

饶舜涵刚上场，就被营长提醒"姿势不对"，连续几次的被提醒"不对"，饶舜涵的手脚有些慌乱了，毕竟这是代表着集体的荣誉呀！

接下来的过程中，不是碰倒了瓶子，就是姿势不对，中间还有几次把筷子掉到了地上。辅导员李娜看到手忙脚乱的饶舜涵，赶紧前去帮忙，在旁边一直鼓励着孩子，勇敢队的队员也在高喊着"涵涵快点儿",但是,不熟悉"插秧"要领的涵涵还是落后了。

就在必胜队庆祝反败为胜的时候,饶舜涵着急了:"到底要我怎么走?我都要晕了哦!"

虽然失败了,但是队里并没有抱怨,只是大家的情绪都有些低落,饶舜涵也在努力地克制自己委屈的情绪,踮踮脚尖,晃晃身体,不时地望望天,不时地把头扭向一边。旁边的杨斯睿摸了摸饶舜涵的头,虽然没有说话,但是给了饶舜涵一个莫大的鼓励,饶舜涵一下子紧紧地抱住了杨斯睿,把自己内心所有的压抑力量都迸发了出来。我站在饶舜涵的身后,轻轻地拍了拍他的后背,没有说任何话,饶舜涵的情绪慢慢地稳定了下来。

这时候,营长开始宣布结果:"获胜的是必胜队,接下来,你们可以坐着拖拉机去采摘树莓,勇敢队坐着牛车去摘树莓……"营长还没有说完,勇敢队的孩子们居然欢呼了:"耶,有牛车耶,酷毙啦,咱们比他们那个好玩多了!"

队伍里的饶舜涵被大家高涨的情绪感染到了,跟着一起欢呼起来,瞬间"满血复活"!看来,他已经摆脱了失败的负面影响。

康 康